文庫

檀流クッキング入門日記

檀　晴子

中央公論新社

檀流クッキング入門日記　目次

檀流クッキング入門日記

食べるということも大好きだけれど
食べさせることも好き！

おいしいものを食べた後って、それは満ち足りた気持ちになりますね。いえ、たとえそれがおいしいものでなかったとしても、ものを食べた後というのは、何かしらホッとした気分になるものです。

まだ目もあかぬ赤子がまず探し求めるのは母親の乳という食べ物であり、また、老いた人が、

「アタシャ、もうこれだけが楽しみでね」

と、たぐり寄せるのも食べ物。

この生命とは切っても切れぬ「食べる」という行為が、石をかむようなつらいことでなくって本当によかった。だってこれが、口をこじあけねばならぬとか、注射のように刺し込まねばならぬとか、苦痛をともなうことだったら、とてもじゃないけれど一日三回もや

ってられません。生きていくのに不可欠な、食べるということを、楽しさという形で与えてくれた天に感謝しなくっちゃ。

「食べる」ということも大好きだけれど、「食べさせる」ことも、私は好きです。

子供のときに見たマンガに、そこには来たるべき未来の図が描かれてあったのですが、何やら箱状のものの中に材料を入れて、ボタンを押すと、たちどころに湯気のたつ料理が出てくるのです。そしてお弁当は一粒の錠剤。単純な子供の目には、そんな未来が、螺旋《らせん》を描いて空をかけめぐる高速道路とともにあこがれとして映ったけれど……。ああよかった、高速道路は現実となったけれど、玉っころを口に含むようなことには、まだなっていません。

人がものを作り出す、この楽しい行為が、「料理」という形で、今なおちゃんと残っていることは、本当に素晴しいことです。そしてこれは、自分だけの孤独な、ひそやかな楽しみではなく、まわりの人をも喜ばせてあげられるという、それは愉快なことなのです。おいしいものができたとき、人がにっこりと微笑《ほほえ》んでくれる、それだけでもうれしいものです。

「うまいなー、この味、オフクロのオッパイの次だよ」

と、こう赤裸々にお世辞をいわれると、少々シラケはするが、それでもまんざらではありません。

でも今までに、なんてったって一番嬉しかったのは、大の男がポロリと落とした一粒の涙、というと悲劇的な場面を想像なさるだろうけれど、どこまでいっても楽しさだけの夏の日の出来事です。

私たち夫婦は、海の側の崖っぷちに建った、それは洒落《しゃれ》た別荘の、新築祝いに招かれていました。気取りのない楽しいパーティも終わった、次の日の遅い朝、せめてものお礼にと、うちの亭主は市場に走り、新鮮な魚介を買い集め、いく皿かの料理に腕をふるいました。

大きな海と空を一望のもとに見渡せる部屋の真ん中の、小さなテーブルの上に料理を置き、ぐるりと車座になってアグラをかくのです。

その家の主人《あるじ》のとっておきのワインが抜かれ、手づかみで貝をむさぼり、日焼けでほてった肌に風は心地よく、目の前に見えるのは、どこまでいっても青い空と海。

「イイネー。最高だね。オイシイナー。なんだか泣けてきちゃうね」

館の主人は、そのモジャモジャのヒゲを貝の汁でよごしながら本当に涙ぐんじゃったのです。

何もかも、できすぎているくらいに条件が良かったのです。そこに集まっていた人たちは、東京に帰れば、夜を昼につぐ修羅場のような仕事の中でしか顔を合わすことのない人ばかり。同じ日に休暇がとれたということすら奇跡に近かったのです。

ここまで舞台が整っていれば、もう何を食べたって楽しくなっちゃう、とは思っても、やっぱり私にはその主人のつぶやきは、ゾクゾクするほど嬉しい、最高の讃辞でした。料理をすることで、大の男を泣かせちゃうことだってできるのですよ。それに料理をしていると思いもかけぬ余禄にありつけます。

なんと、家事をさぼることができるのですよ。「食べ物」というのは、人の気持ちをひきつけるには、絶好の手段です。とくに、相手が食いしん坊であれば、その効果たるや絶大なものです。

聖徳太子ならいざ知らず、並の人間には、そう一度にアッチャコッチャ気をくばれるものではないのです。ひとっとこをワァーッと輝かせちゃうと、目はただひたすらそちらを見つめ、他のことはまるで気がつかない。ほら、手品でよく使っている手ですよ。おいしい料理ってのは、そのくらいのすごさで人の関心を集めることができる要素を持っているのです。台所で、バッタカバッタカ大騒ぎして動きまわっていると、皆もうびっくりして、障子の桟にホコリがたまっているなんてこと、気がつきもしません。

嘘だと思うなら、ためしに一度やってごらんなさい。

そして、意外や意外、家族の皆さまの絶大なるご要望があるからと思ってやっている、また別な言い方をすると、

「なんでアタシ朝から晩まで、アイツラのために家ン中、コマネズミのように走りまわっ

ていなけりゃならないんだろう。楽しかるべきアタシの人生は、ただただアイツラの世話で踏みにじられている」

という被害者意識を持ちながらやっている、数々の環境整備運動が、家族の美意識ゆえ、というより、むしろご自身の満足のためによるところが多かったことに気がつくはずです。

掃除や洗濯が大好きという人、それはそれでよろしいのです。私、人から楽しみをうばうのは好きではないし、できれば私にも、そういう能力が少しばっかりあったらなあーと、うらやましく思っています。

被害者意識というのは少し大げさだったかもしれないけれど、口の中で呪文のように不満を唱えながら、それでもこれやり終えねば明日という日がこぬ、というようなギリギリした気持ちで部屋の隅のホコリを楊子でほじくり出したり、暑いから脱いだだけのシャツを、追いはぎのような勢いで洗濯機の中につっこんじゃったり、それが趣味だというのなら仕方もないけれど、目を三角にしてオッカナイ顔をしているんだから、あんまり楽しくはないんでしょ。だったら半分ぐらいにしておいて、もっと楽しいことに時をつかいませんか。

本当は全部ほったらかして、と言いたいのだけれど、それがために善良な人たちの住む家が廃屋になって、その責任を私がとらされたりするとたまらないから、半分と言っておきます。半分でも家は傾いたりしないから安心してください。

楽しく料理をやっていると、そういう諸所方々の手抜きだって良心の呵責《かしゃく》無しにできるようになってくるものです。少々の汚れやホコリなんか気にならなくなってくるのです。アチラサンはたいていの場合、最初から気がついちゃいませんよ。だって、昔々の日曜日、彼の部屋を訪れて、

「マアー、男ヤモメにウジがわくってほんとね。だめよ、こんなことしてちゃ」

なんて言って、ひき出しの中まで整理したのは誰だったんでしょう。

そういう経験をしたことのない人、また逆に整理していただいた人、そういうかたたちは、別に今ホコリのことで苦労していないはずだから、ここでは関係ありません。

生れ持ってきたものではなく、それもあなた自身の手で導いてしまった観のある、美化への関心は、第二の性格となって固定化せぬうちに取りのぞいたほうがいいのですよ。今のうちならまだ大丈夫でしょう。あなたが手を抜く、それだけでできてしまう。そして、少々抜けたところがあったくらいのほうが、家ってのは居心地の良いものです。

シャッチョコばって、キリキリして、

「さあ見てください、私の手並、どう、文句のつけようがないでしょ」

と肩いからせるより、少々人様には見せたくない妙な恰好であっても、楽に息をして、ニコニコ笑って、それでおいしいものを作って食べて、家ってそんなところじゃありませんか。

ごめんなさい、別に私、悪口いうつもりではないのです。

美しいところに、美しい人が、美しく暮らし、美しく食べることに、何の不平も不満もありません。私もそんなことやってみたいのです。でも私、悲しいかな力がございません。

限りある能力の中で、あっちにつき合い、こっちにつき合い、これをやっていますと、すべてに力足らず、あせりまくり、そしてふと頭上を見上げれば、

「聡明なる敏腕主婦が、家をピカピカにみがき、栄養のバランスのとれた食事を作り、小ざっぱりした身なりの子供たちは、皆行儀の良い働き者、一家揃《そろ》って早寝早起き、皆元気！」

ああ、こればかりではふとんかぶって寝ちゃいたくなるのです。

どこぞに私のようなおかたはおるまいか、いらっしゃるならば、「ハイ」と返事をして、出て来てはくださらぬか。チャランポランな暮らし方も、たまには脚光を浴びようじゃありませんか。

実を言えば私、結婚年数すなわち家事従事年数と思っていいのなら、もうかれこれ十五年も家事とつき合っているのです。

世間ではよく、人間一つことを十年やれば、まあものになるとか言っているけれど、あれは、まっすぐ前を向いて努力していれば、の話であって、私のようにあっち向いたりこっち向いたり、キョロキョロしているばかりで努力はせぬと、ただいたずらに時を重ねて

いるだけに過ぎぬ、という結果になるのです。

いえ、少しばっかりの努力はしたな。例えば婦人雑誌を読んだりして……。

しかし、

「ガラスなんて向こうが見えりゃいいんでしょ。少しくらいなんかくっついているほうが、子供たちがぶつからなくていいよ」

などと思っている人間には、家事研究家の先生がたのお教えは、ちと程度が高すぎて、ついてはいけないのです。

手早くって言ったって、ぶきっちょがやると、皿は割るわ、物はひっくり返すわ、かえっていらぬ仕事が増え、

「どうして、そんなにバタバタしてるんだよー。便所なら早く行ってこいよ」

と、余計な詮索をされてしまうのがおち。

計画たてるたって、小っちゃい二人の息子は、そうこちらの思うようには動いてくれないものねー。第一、亭主の出入りが神出鬼没、帰ってきたかと思うと、またすぐ行っちゃう。だからうちの子、父親がめずらしく張り切って、夕食をいっしょに食べようと帰ってきたというのに、

「オトーチャン、ワスレモノシタノ？」

なんて言ったりするのです。

こういう人たちと寝食を共にしつつ計画をたてようなんてことやったら、気がおかしくなっちゃいます。かといって、計画に合わせて相手を取り替えるわけにもいかないしね。

と、同居人を言い訳に使ってはいけなかったんだ。

ようするに、「好きこそ物の上手なれ」の反対。「使用後」を「使用前」に戻すような「行為痕跡抹消作業」が好きじゃないのです。

でも全くやらねば、私自身いろいろ困ることが起きるから、最低限のところでやっているのだけれど、どうかすると、亭主の限度のほうがちょっと程度が高かったりして、

「オマエ、物またいで歩くのやめろよ」

「ハイ、遠慮しないでこれからは堂々と踏んで歩きます」

このときから彼は、私に期待をすることをやめたようです。

そして心中秘かに、精出して働いてお手伝いの人にでもきてもらえる身分にならなくては、と思っているらしいのです。叱咤激励せずとも、人を奮い起こさせることはできるものなのですね。とにかく、女房を取り替えねばとは、今のところは思っていないようです。

そして、

「ウチの奴、料理はマアマアだけど、掃除が下手くそでねー」

と、腹いせにアチコチで言いふらしているのだけれど、でも人はそのマアマアの料理をひとつ食べてやろうかと集まってくださいます。

これが、

「掃除はなんとかやってるけれど、料理がひどくてねー」

では、電車をいくつも乗りついでまでしていらしてはくださいませんでしょう。それじゃ私、弁明の機会すら与えられず、家事無能力者という汚名をきせられたままになってしまいます。

一寸の虫にも五分の魂、怠け者にも意地と誇りはあるのです。

同じ怠けるのでも、一つの主張を通して、正々堂々威厳を保っていかなくては。さぼっていることがばれるようなドジしちゃだめですよ。

「何でもいいから作りゃいいんでしょ。腹いっぱいにさせりゃいいんでしょ」

と、そんなぞんざいな気持ちで餌みたいなもの与えていると、かえって、小事にこだわり、人の足をすくうような、小姑《こじゅうと》根性を育ててしまいます。

ホカホカ湯気のたつおいしい料理を作り、そのアツアツのスープを五体に満たし、頭をボーッとさせておいて、あとは、ゴニョゴニョゴニョ、どさくさにまぎれさせなくては、カモフラージュしなくてはいけません。

「人はパンのみに生きるにあらず」だけれど、さりとて生きていくのには、どうしたって何か食わにゃなりません。その必要不可欠な部分をしっかり押えて、しかも楽しさをふりまくことができるのなら、たとえすべてに心行き届かせることのできぬズッコケカーチャンでも、家族の注目と期待を一身に浴び、一躍花形的存在にのしあがれるかもしれぬ、料理とはかくも素晴しきものなのです。

堅物の我が父と天衣無縫の亭主
そして豪放磊落なチチ　檀一雄

その一　父のこと

「食べる」ということとのかかわり合い方というのは、十人十色、人さまざまの主張を持っているのだけれど、とくに家庭という単位で考えてみた場合、その家の主人《あるじ》たる父親の持っている生活信条によって左右されている場合が非常に多いのです。だから父親が食べ物の内容に興味を持っていない家では、やはり日々の食事の内容は貧しくなっているのです。

中には下克上というお宅もあるだろうけれど、そういう社会風潮にまで口をはさむと話がややこしくなるから、ごく一般的に考えて——、一般も変わってるって？　知らないよそんなこと。とにかく、アタシラ育ったときは、オトーチャンが席につくまでは箸を取っちゃいけなかったの！

　私の父親は、

「規則正しく、ほどほどに」

をモットーとして、石橋を目の前にして何日も何日も考えて、そして自分で補強工事を加えてからようやっと渡るような人だったから、いきなり横から飛び出していって、

「ワッ」

と驚かすようなハプニングを、日常の生活の中でやらかすと、腰を抜かしちゃうの。家の中で起こる変化は、木が少しずつ大きくなっていくような、子供の背が少しずつ高くなっていくような、そんな目に見えぬ程度の静かなものでなければ許さないのです。

　だから引越しなんてとんでもないことで、あれは長いこと時間をかけて、

「引越しまでにあと何日」

なんて気持ちを慣らしていったって、その日になれば、どうしたってガラリと変えなきゃならないでしょ。

　毎日少しずつ荷物を運んで、一年がかりで引越したなんて話、聞いたことありませんものね。

　でも母には、

「こんな下宿屋の二階の一間で、いつまでも七輪パタパタやっているわけにはまいりませ

ん」

　という生活向上心があるし、また、街をちょいと歩けば、いくらでも「貸家」「売家」の見つかる時代とくりゃ、どうしたってその気になります。しかし父は、

「決まった道すじを決まった速度で歩き、そしてたどりつく部屋の、いつもと変わらぬ場所に置いてある火鉢の横に、いつもと同じ髪型をした女房が見慣れた着物を着て座っていてくれる安心感こそ家庭である」

と、かたく信じているのだから、生活の不便など問題外のことなのです。

だから引越すなんてことちょいとでも言いだそうものなら、泣いて反対するのです。

でも母は引越します。それも父が勤めにいっている間に黙ってやっちゃう。家出と勘違いしないように、新しい家に行く地図だけは残して。

「昔の女って、しおらしいふりして、その実スゴイことやるねー」

って、私が感心すると、

「いいえ、そうでもしなけりゃ、ウチは未だに、あのシモタ家の二階で間借り暮らしですよ。どうでもいいようなことにはハイハイと従っていても、ここ一番というときには、やっぱりやらなくっちゃ、生きていくカイってものがないじゃありませんか」

と、母は言うのです。

ショックのあまり、しばらくは口もきけなかった父も、そのうちには新しい生活に慣れ、

その中でまた、前よりいっそう頑《かたくな》に生活の規範を守っていくのです。

変化を嫌うということは、身のまわりに新しい物がはいり込むことを拒否する姿勢につながるから、とは少々言い過ぎかもしれないけれど、この父、やたら物を大切にしましたね。明治生れのかたはどちら様も同じで、それは私たち見習わねばならぬ大変良いことなのだけれど、それも上にドがつくほどになると、いっしょに暮らしている者にはいろいろ不便があるのです。

なんてったって困るのは物が捨てられないことです。

こういう父に育てられているのだから、私たちとて覚悟して、かなりしつこく、ギリギリまで使うのだけれど、それでも物には使用の限度ってものがあります。

もう誰が見たって、

「よう、ここまでガマンしたね」

とほめられるくらいにまでなった通学カバン、それも買った当初からすでに中古品であったのを、姉が使い、そのお古を私が使ったという、ものすごい歴史を持ったものなのだけれど、これをそのへんのゴミ箱にチョイと捨てておく、すると二、三日後に、アッチコッチ修理され、使用には耐えるけれど乙女心《おとめごころ》はいたく傷つけられるような代物になって、手元に戻ってきて、そしてお説教です。

「だってコワレチャッタんだもの。しょうがないじゃない」

と言うと、

「コワシチャッタ、と言い直しなさい。物はひとりでにこわれてしまうことはない」

かくして家の中には、燃やす寸前にまでこぎつけたのに、新しい木切れがあちこちくっつけられてシマシマ模様となった風呂場のスノコ、丹念にたたきのばされたさび釘、点々と穴のふさがれたアバタ面の鍋の類ばかりとなるのです。犬までが、折れた足の骨を父の手で、それがほんの少しよじれてくっついちゃったのだけれど、まあ駆け回ることには不自由なく修理されました。

父の死後、遺品を整理していたらゲタが出てきて、今様のものとはちょっと感じが違うとはいえ、まだまだ外出用としても充分使用に耐える形をしていました。毎年、正月になるとこれをはいていたことを思い出し、その使用年数を母に尋ねると、

「あなたの生れる前に買ったものよ」

念のために申し上げておくけれど、草履のまちがいではなく、下駄の話。そして父が亡くなったとき、私は二十八歳でした。

四季折々の決まったときに訪れる行事の一つ一つを、父なりの決まったやり方で迎え送るのも大好きなことの一つでした。

雛の節句に桃の花を添え、十五夜にすすきを手折ることあたりまでは、世間様と同じやり方だけれど、中には父独特の方法っていうのもあるのです。

秋の台風も父にとっては行事の一つ。だからいつも台風シーズンになると準備万端整えて、天気図を見ながら、今か今かと、それも被害のないものがくるのを待ち望むのです。風が吹き荒れ、雨が降り始めると、父は着物のスソをからげ、母のとめるのもきかず表へ飛び出して行きます。川ぞいの低地のあたりの浸水状態を視察するためです。そしてびしょぬれになって帰って来て家のまわりをぐるりとひとまわり、自分の準備のぬかり無いことを確認すると、

「どうだ、うちは大丈夫だろう」

毎年毎年、別に家は台風の被害にあいそうな所に建っているというわけでもないのに、こうして安心しなけりゃ気がすまないのでした。

四月になると父が幼い私を連れて行ってくれるのは花見の行楽ではなくて、皇居でした。未だに日にちまではっきりと覚えているのは、それが二十九日、天皇誕生日だったからです。

父と娘は手をつないで二重橋をわたり、高い所から手を振っている人の姿を、人垣の間からチラリチラリと見て、それが終わると次の目的地に向かいます。

日本橋の高島屋デパートです。

二重橋から高島屋までというのは、けっこう歩きでのあるものです。どこをどう通ったのかは全く覚えがないのだけれど、チンチン電車が横を走っていました。でも一度もそれ

に乗ったことはなく、

「乗りたいか」

とは、父は聞きもせず、この親に物をねだってもかなうはずのないことを知っている子は、

「電車に乗っていこうよ」

と、言いだしもせず、ただ黙々と、いつも徒歩。

そしてこれも一度として三越になったことのない高島屋の大食堂で、日の丸の旗の立った「お子様ランチ」を、あのころは大人が食べても文句は言われなかったから、父と二人で食べるのです。

帰りは、これも前の年と同じ靴屋に寄り、去年よりひとまわり大きな靴を私の足に合わせ、かかとに指一本つっこんで、

「ウン、これでよし」

こうして、お国の安泰を確かめ、子供のほんの少しずつの成長の変化を楽しんで、四月二十九日の父の行事、とどこおりなく終了でございます。

こういう父にとって、毎日の食事もまた、行事の一つに他ならなかったのです。

家族の者が寝ぼうした休日の朝食が、たとえ昼近くに終わろうとも、十二時になると、

「カーサン、昼飯はまだかね」

そしてご飯は常に茶碗に三杯。腹がへっていようがいまいがおかまいなく茶碗に三杯であれば、そのよそい具合には関心はなく、守るべきは量でなく、三杯という回数なのです。多くついだり、少なくしたり、ときに器をかえてみたり、面白くって、私が何度となく実験を重ねてみた結果ですから、間違いはありません。

食欲とか、味覚とか、そういった感覚とは全く別のところで食事をしているのだから、好き嫌いなどなく、何を出されたって文句は言わず、またおいしいとも言わず、それでも五目ずしが出るとちょいと顔がほころびます。だからウチではなにかというと五目ずしが登場したのです。父にとっては五目ずしのない食卓は、たとえいろいろ取り揃《そろ》えてあろうとも、ご馳走ではなかったからです。

自ら台所に立つ、などということは、まずありませんでした。

それでも趣味にしていたハゼ釣りの日だけは、あまりの量の多さに母は手をひき、父に包丁が手渡されました。しかし、小さなアジ切りを使って、百数十尾のハゼを頭と身と中骨とにわけていく手さばきは、どうみても料理という雰囲気にはほど遠く、横で見ていると、生物教室の解剖実験を見学しているような気分になってくるのでした。

ほとんど客らしい客というものがなかった家です。

正月に親類数人が集えば、もうそれだけで大宴会。ときどき家を訪れる父の友人も、ほとんどが碁のお相手です。麻雀ならいざしらず、碁はたった二人の静かなお遊び。たいして酒もたしなまないとなれば、ビールに枝豆の一皿でも添えておくだけで、あとはもう、いるのかいないのかわかりませんでした。

その二　亭主のこと

生活の範囲を広げたり、変則的なことを嫌う父だったけれど、その娘の私は、常識からはずれた若さで所帯をもちました。

別に父親の信条に身をもって反発してみせようというような魂胆があったわけではなく、ただ成り行きとしてそうなったまでのことです。これが二人とも下宿かなんかで暮らしている身だったら、せいぜいが同棲というくらいのことで済んでしまったに違いないけれど、親元から学校へ通っている身では、秘密裡に男と暮らしてしまうなんてこと、とてもできないものです。

式などするつもりもなかったけれど、

「それじゃ、駆け落ちされたみたいで、恰好が悪い」

と、親は言い、せめてお互いの身寄りのかたがたのお顔ぐらいは見たいからと、集まってご飯を一緒に食べるということに落ち着いたのです。

そんな具合だから、嫁入り仕度とて何もなく、前夜に身のまわりの物をダンボールに詰めれば、もうそれですることもなし。

「明日は、アタシ、何時に出かけりゃいいのー」

　と、私は嫁に行くというより、旅行にでも出かけるような気持ち。多分娘のあまりの幼さにあきれはてたのか、あるいは昔からこういう日のためにと計画していたのか、父は一冊のぶ厚い聖書をヌッと差し出したのです。

「ここんとこ、ホレ、シオリがはさんであるから、今ちょっとここで読みなさい」

　と、旧約の中のルツ記を示すのでした。

　聖書というものは、一回読んでもわからなくって、また読むともっとわからなくなってくるという妙なもので、それを斜めに読むといういいかげんなことではあったけれど、とにかく読みました。

ルツという女が、夫に先立たれたあとも故郷には帰らず、ナオミという姑《しゅうとめ》の傍らで尽くしぬき、ただひたすら夫の一族繁栄のために己の一生を捧げぬいた、という恐ろしいことが書いてあったのです。

　取りようによっては、

「一人の男と一緒に暮らすというような甘ったれた考えではいかん。それよりもまず第一に自覚しなくてはならぬのは、嫁いだ家の人間になるということだ」

　と、言いたいのではないかとも感じられるのです。

「冗談じゃないよ、アタシこんなつもりじゃないよ……」

と、父親にくってかかろうとしたのだけれど、うっかり喧嘩して、

「明日は中止」

などと言い出されては困るから、

「よい教訓、ありがとうございました」

と、頭を下げたのです。

父の人となりを考えてみれば、この結婚、よく許してくれたものです。型破りなことを、たいして異議も申し立てなかったのは、裏でいろいろ母がだまくらかしてくれたこともあったろうけれど、やはり、亭主の持つ自然児的な天衣無縫さを、父がこよなく愛したからに違いありません。

しかし、少し離れたところから見れば可愛気のある天衣無縫も、近くにいる身にとっては、ときにはわがままの押しつけとなってふりかかってくるから、たまったものじゃないのです。

たとえばあの日のことなんか、もう私、頭にきちゃったのです。

デートの帰りが、門限の十一時を過ぎてしまったのです。家まで送り届けてくれたまではよかったのだけれど、サヨナラもそこそこに慌てふためき、玄関に飛び込み、

「ああ、これで家にはいれた。第一関門は通過か、ヤレヤレ、静かにして目覚まさせないようにしなくっちゃね。サ、鍵をしめて……」

と、後をふり向くと、そこにまだノソーッと亭主が立っていました。

「あらやだ、まだいたのー。無事家にはいれたからもう帰っていいのよ。母さんたちには明日の朝、何とか適当に言っとくから大丈夫。アリガト、オヤスミ」

しかし、彼は踵《きびす》を返そうともせず、

「オレー、ハラすいてんだけど、何か食うもんあるかなー」

そりゃ下宿住まいじゃないもの、その気になってアッチコッチ探れば、まともな家には食べ物の一つや二つあるのがあたり前なのだけれど、でも今はそんな呑気《のんき》なことを言っている事態ではないのです。ここをうまく切り抜けねば、もしかして、だましだましてようやっとここまで引き延ばしてきた門限は、七時、なんてことに変更されてしまうかもしれず、また、最悪の場合、

「今後、いかなる男とも、つき合うことを禁ず」

という、悲惨な結果になるやもしれぬ、という切羽詰まったときに、ハラの問題など、どうでもいいではないか。

「遅すぎます」

「遅いから頼んでます。もうメシ食えるとこ、しまっちゃってんだよ。タノムヨ」

と、靴を脱いで、どんどん茶の間にはいって来ちゃったのです。

真夜中というのは、どうしてああ音が響くのですか。茶碗はふれ合うだけで、まるで割

れてしまったような恐ろしい音をたてるのです。

　隣りの部屋で寝ている家族を起こさぬようにと、細心の注意を払って台所をひっかきまわしていると、借りてきた猫のようにして、ひたすら寡黙《かもく》にしていなければならぬはずの彼が、ナント、ノコノコ台所にはいり込んで来て、突如大声で叫んだのです。

「アーッ、そこにトーフがある！　ウマソー、それ、食べていいかなあ」

アア、これで隣室の家族全員、目が覚めちゃった。明日は家族会議か、はたまた長い説教か、ヤダナー。

「ワカッタ、トーフね。ウン、食べていい。食べさせてあげる。ちゃんと切って、持っていってあげる。だからオネガイ、静かにして。ミ・ン・ナ・オ・キ・チャ・ウ」

今さら注意したって遅いんだけれど、意味あり気な咳払いなんか聞こえてるんだけれど、批難と好奇の視線をふすま越しに、ヒシヒシと感じながら、泣きたい思いでトーフを献上するのです。

　オッカサンが明日の朝、

「味噌汁の実が消えちゃった」

と、騒いだってかまやしないさ。

とにかく一刻も早くトーフを召し上がって、帰っていただければそれでいいのです。それなのに、

「あのー、なんか上にかけるもんないの？」

「醤油は目の前！」

「醤油はわかってんだけどね。ほら、ねぎとかなんか、いろいろ上にのせるものがあるでしょう？」

「真夜中にトーフ食べるのに、醤油があればたくさんです！」

「トーフ食べるのに、夜昼ないと思うけどなー。ねぎくらいあるだろ、チョコチョコって刻んでくれよ。面倒だったらオレ、自分でやってもいいよ」

面倒というわけじゃないのです。時と場合が良けりゃ、バケツ一杯でもねぎを刻んでさしあげます。でも今は、これ以上騒動したくない、私の思いはただそれだけなのです。できればトーフは、丸めて口の中に放り込んで、そして疾風《はやて》のように去ってくれたらと、そんな私の気持ちなど、針の先ほども察してはくれず、ねぎはもう持ってきてくれるものと決めて、ニコニコとしているのです。

早く帰すためなら、もう何だってするわと、やけっぱちでねぎを刻めば、また後方より声あり！

「そこにしょうががあったよなー。ついでにすって持ってきてよ。それから、カツブシケズリどこにあるー。オレ削るからー」

アア、カツブシだって！　あれはカッカカッカと、ひどく陽気な音をたてるものなのです。

アア、しょうがだって！　うちは尋常なときですら、どうかすると、しょうが無しですませているというのに……。

傍若無人とはまさにこのこと、こんなわがままな男とつれそう女は気の毒よ。お顔を見てやりたいと思ったのです。彼は彼で、私のことを、不精者で冷たい奴、と思ったかもしれません。

それでも、それからしばらく後に、わがままな男と不精な女は、若気のいたりで、いっしょに暮らすようになりました。でも私は、あの「真夜中のトーフ」のわがままが、いつまた飛び出すやもしれぬと、内心ビクビクしていたのです。

しかし、トーフの上にのせる薬味の要求は、いろいろわかってみれば、彼としてはわがままでもなんでもなかったことだったのです。

トーフをはさんでの、亭主と私の対立は、それは性格の相違から起こったことではなく、育った環境の違いから生まれた、価値観の相違に他ならなかったのです。

その三　チチのこと

結婚してしばらくして、私たちはアパートを引き払い、亭主の実家で暮らすようになりました。といっても、一つ屋根の下で寝食を共にする同居ではなく、細長いうなぎの寝床のような敷地の中の、あっちのはしの大きな母家に父母弟妹が住んでいて、そこからちょいと離れたこっちのはしの、ガレージを改造した小屋が、私たちの住まいでした。世間でご推薦の「スープの冷めぬ距離」を、インターホンの線が結んでいました。

亭主の父親は作家でした。

しかし、堅物の学者の家に育った私には、世間に名の知れた作家の日常など、まるで想像もつかぬのです。

本でうずまった書斎の中に一日中座り込み、頭をモジャモジャかきむしりながら原稿を書き、ときたまムッツリとした顔で皆の前に姿を現わすのかなと、考えつくイメージはあくまでも学者の姿の延長線なのです。

しかし、そのモジャモジャ、ムッツリの作家先生が、私たちが所帯を持ったときに、必要な鍋釜、包丁、しゃもじ、オロシガネにいたるまでの調理用具いっさいを、御自ら金物屋に足を運び、買い求め、届けてくれたという事実は、考えれば妙なことではあったのです。

今になれば、いちいち納得のいくことなのだけれど、そのときは、作家と台所用品という、この不釣合いな結びつきを別に不思議とも思わず、そしてこれがこの先、料理の中に巻き込まれていくことへの第一歩だったとは気がつきもせず、ただ身銭を切らずにいろいろ揃ってしまったことを、単純に喜んでいただけだったのでした。

この家では父親を「チチー」と呼んでいました。耳に快い新鮮な響きではあったけれど、新参者にはちょっぴり気恥ずかしく、といって「先生」と呼ぶわけにもいかず、子供が生れて「オジイチャン」と呼ぶまでは「アノー、ソノー」ですませていたのです。

何もかもが私の育った家とは違っていました。

まず第一に、チチの旅行がおびただしく多いのです。それもフラリと出かけ、ヒョッコリ帰って来る、予定なんぞは全くわかりません。

あるときなんかは、浅草に馬肉を買いに行ったはずが、待てど暮らせど帰っては来ず、そして二、三日たって突然伊那から、何人かのお友達をひきつれて、

「ミナサン、お待たせしましたねー。タルタルステーキをご馳走しますよー」

と帰って来るのです。

実家の父は、東京から千葉に行くのでさえ、時刻表を持ち出す人。九州くんだりまで行くことになろうものなら、一か月前には旅程を組み終わり、それを見れば、何月何日何時、どこで食事をするかまで、ちゃんとわかるのです。

一週間前には、旅行カバンの中に洗面用具、下着の替え、鉛筆二本、青赤色鉛筆一本、消しゴム一個、計算尺とレポート用紙一冊、これらのものが決まった位置にキチッと詰められます。そして綿密に組まれた予定を、すべて滞りなく終え、カバンの中身は絵葉書一つ増えもせず、出て行ったときと寸分たがわぬなりで帰ってまいります。

だから私は、旅から帰った父親のカバンをひっかきまわし、オミヤゲを探す楽しみなんて、全く知らなかったのです。

チチが旅行に行くときは、旅行カバンの中には必ず包丁とまな板がはいっていました。旅の先々で料理をするためなのです。

たとえその用意を忘れても現地調達、そして他所様《よそさま》のお宅にそのまま置いてくるから、後で私たちは、妙な所で「ダンさんのオナベ」、「ダンさんのマナイタ」にお目にかかるのです。

全国津々浦々、自分の包丁やまな板を置いておくってのも、これは気分のいいことでしょうね。

旅から帰って来たチチの恰好たるや、肩からアイスボックス、両手には紙袋、その上、「タクシーの中に、荷物があるから、誰か取りにいってクダサーイ」

と、玄関で叫びます。

高級料亭などに行ったこともない私が、「フグサシ」や「テッチリ」の味を覚えたのも、このチチの買い出し好きのおかげです。

着替えるのももどかし気に、

「フグを買って来ましたからね。土鍋を出してください。ねぎを刻んで、ア、袋の中にあるあさつきを使ってください。それからもみじおろしも……」

と、それがたとえ深夜であろうとも、台所には、おいしい温かい匂いが漂いはじめ、私たちは居ながらにして諸所方々の珍味を味わう、ぜいたくな気分の中にひたります。

たまに家で見かけるチチは、ビールのコップを片手に、鍋をかき混ぜており、街で出会えば、手には野菜や魚のはいった買物カゴが下がっていました。

亭主の父親が料理好きであるということは、うすうすは聞いていました。でもまあ常識的に考えて、家庭の中で男が料理するっていったって、たまのことだろうし、気晴しの趣味くらいのもんでしょうと、実際に目のあたりにするまでは、その程度に思っていたのです。

ところがどうして大間違い、とてもそんな生易しいものではありませんでした。

チチの料理は朝から始まりました。といっても、勿論《もちろん》早くから起き出して子供の食事を調えるというようなことはしなかったけれど、チチの朝ご飯は、チチ自身が作っていました。

朝はどちらかというと、指図のほうが多いのだけれど、それでも湯豆腐の中に入れる野菜が足りなければ、ツト買物カゴを下げて、街へ繰り出していきます。

そしてしばらくすると、

「サバのいいのがありましたよ。オッカン、サバずし作りますからね。鯛《たい》の頭が安かったネー。タローのとこでも欲しいでしょう。でももう売ってません。私が買ってしまいましたからネ。食べたかったら夜いらっしゃい」

小粒のハマグリがあったからクラムチャウダーにしようとか、一日の献立を次々と思いつきながら、半分は指示を与え、半分は自ら手を下し、昼ご飯を作り、夕食を作り、客のために酒の肴《さかな》も調達するのです。

家にいる限り、毎日毎日、こうして三食を作っていました。

仕事がつまって、どうしても手が離せぬ日は、母の用意する夕食をのぞき込んで、

「ヌシゲのユウメシは、ドゲンフウジャカネー」

男の料理は後片づけが無いから楽だといわれているけれど、チチもまた、客の一人から、

「センセーも、皿洗いはなさらんでしょう」

と言われたりします。するとみんなの寝静まった真夜中、一人ゴソゴソと皿を洗い、レンジのこげつきまでおとしてみせて、次の日の朝、

「ホーラ、片づけなんて簡単なものです。私がやればこんなきれいになります。専門家は何でも上手にできるのです。でも私がやると、ミナサン困るでしょー。片づけまでやっちゃったら、あなたたちはすることがなくなりますよ」

客の多いことでも、この家は群を抜いていました。

食堂や客間に二、三人の客が盃をかたむけているのは、日常茶飯のこと。その小宴は夜がふけると街へと繰り出し、そして明けがたごろには、老若男女、フーテン族もいれば、

バーのママもいるという大隊にふくれ上がってのお帰りです。

まだほの暗い朝の客間には煌々《こうこう》と灯りがともされ、外ではコケコッコーと鶏が時をつげても、この宴は果てることを知らないのです。

これが普段のことでした。

だから、ひとたび客を招待するともなると、それはもう、ひっくりかえったような大騒動になります。

「いらしてください、ごちそうします」

と、声をかければ、集まってくる客は二、三十人、五十人を越すこともまれではありません。

チチは自らを「料理の元帥」と称し、母を一等兵、私たち下っ端を二等兵と呼んでいました。

大勢客のある日は、気心の知れたかたの加勢もお願いして、二等兵たちは、元帥指揮下に右往左往しながら、準備に取りかかります。

お偉いおかたというのは、たいていの場合、一段高い所にドッカと座り、命令下せど体は動かさず、というのが通例なれど、この元帥は自ら買物カゴを引っ下げ、街の市場に買い出しに行き、自ら先頭に立ち、包丁を握り鍋をかき混ぜます。だから階級の違いは、あくまでも腕前の差の表現であって、立ち働くことにおいては、この家では元帥も二等兵も変わりなく、いえ、まめまめしさという点では元帥が一番であったでしょう。

献立は決めてあっても、買い出し好きの元帥にかかっては、それも最低限のところの目安に過ぎず、普段でも日に二、三回の市場通いはさらに激しくなり、そのつど料理の種類は増えていき、それは客の姿の見えるギリギリまで続きます。

数日前から入念に準備された数々のご馳走が、テーブルの上に所狭しと並び、客もあらかたお集まりの様子、鍋の前から元帥をひき離し、油や醤油で汚れたジーンズを着換えていただいて、そして席におつき願います。

客間のほうでは、ワッと華やいで乾杯が始まったようだし、ああこれで我ら二等兵は、お茶でもいれて一息つくかと……、そうは問屋がおろしてくれません。

元帥が席に落ち着いていてくれるのはほんのつかの間のこと、

「ワッハッハーッ」

と、陽気な笑い声がしたかと思うと、バタンと戸が開き、

「世界一の料理人が専門家向きの料理を作りますからねー」

と、客たちに声をかけながら、元帥は台所にはいって来ます。

二等兵の準備にぬかりはないかと見わたして、ワアーッと大英断のもとに料理し、盛りつけた皿を両手でかかえて、

「できましたよー。ミナサン、こんなおいしいもの食べられて、シアワセしてますねー」

と、客間に姿を消します。

何時間も続く宴の間中、チチはこうして、客間と台所を行ったり来たり、ミナサンにウマイものを食べさせてあげようとの、大奮闘が続くのです。

「あらかたの準備を客のつく前にすませてしまい、手のうち無理のないところで、落度のない接待をしましょう」

という、パーティ心得などの小細工は、この元帥にはいっさい通用しません。

ご馳走の上にご馳走を作り、飲んで、食べて、作って、話して、笑って、その上レコードの選曲までしてくれるのです。

二等兵もいつしか浮かれて調子にのって、遅れて来たお客様を席にお通しするときに、母に一言取りつぐ心づかいをとんと忘れてしまい、玄関に、

「コンバンハ」

と、人の顔が見えれば、

「ドウゾ、ドウゾ」

とそのまま招き入れ、ギュウギュウ詰めのすきまをぬって席を作り、浮き浮きと料理を並べてさしあげるのです。そして、しばらくして台所をのぞきに来る人たちの間から、

「あそこにいる人は、いったい何者ですか？」

と、不審の声が高まりだしたのだけれど、もうそのころにはそのおかたは、幸せいっぱ

いの酔顔で、手などたたいて歌っているのです。

「イヤー、お宅の前を通りかかったら、やけに楽しそうな声が聞こえましてねー。ちょっとのぞくだけのつもりが、ご馳走にまでなっちゃいまして、ドウモ、ドウモ……」

ドウモドウモと見知らぬ酔客がお帰りの次に、玄関のチャイムを鳴らしたのはお巡りさんでした。

「アノー、お楽しみのところ、大変申し訳ありませんが、今、ご近所のかたから一一〇番に通報がありまして、ダンさんのお宅がうるさいから注意してくれとのことで、何分《なにぶん》にも夜分遅いことですので……」

サイレンこそ鳴らしてはいなかったけれど、門の前にはパトカーの赤い灯が、ピッカピッカとまわっていました。

酒がまわるにつれて、元帥の足並もゆっくりとなり、でもまだ台所にはいくつかの料理の用意が調っているから、二等兵はそっと耳うちして、次をうながします。

その料理が私たちでも作り方を熟知しているものであれば、

「アレは、元帥がやるほどのものじゃありません。あなたたちが作ってください」

と、二等兵は料理許可をいただいて、作りはするのだけれど、

「これはニトーヘーが作ってますからねー。どうでしょうかネー。専門家向きじゃないでしょう」

と、いちいち注釈つきで、客前に出されてしまいます。

皆一生懸命作り、一生懸命食べるのだけれど、それでも限りある胃袋、兵《つわもの》どもが夢の跡には、料理や材料が手つかずの形でいろいろ残ってしまうのです。

「もったいナーイ。用意しすぎましたね。この次からは、もう少し少なめにしましょう」と、手のうちせばめることのみ考えるのが、器の小さい二等兵の反省。しかしながら元帥曰《いわ》く、

「それでは明日も、また客を呼びましょう」

そしてもう次の日の料理を考えている。

スケールが違うのです。

こういう騒動の中に幼いときから身をおいている亭主にしてみれば、あの「真夜中のトーフ」は、茶を一杯所望した程度の、ささやかなことだったに違いありません。

「真夜中のトーフ」が湯豆腐でなかったことに感謝しなくっちゃ。

何にであれ人が奮闘している姿というものは、まわりの人を揺り動かすものです。私の父親も、この楽しい宴に幾度となく招かれ、そしてチチが客たちの間を走りまわり、楽しい一夜を過ごしてもらうことに全力投球を惜しまぬ姿を目のあたりにするのです。そして、私には味覚不感症としか見えなかった父がなんと、遂にフトコロ手で魚屋に出かけ、一皿盛りのアジを買い、自分で煮ちゃいました。

これは大変なことなのです。

人間革命みたいなことなのです。

次にトロロをすり鉢でゴロゴロすりました。そして、故郷日南の、オビ天という手のかかる料理まで作り始めたのです。

齢七十近くにして、料理の楽しさを知った父は、そしてほんのちょっぴりだったかもしれないけれど、その確固たる生活信条を変えていこうとしていたようでした。

明治生れの男の意地があるから、決して口には出さなかったけれど海外旅行に出かける父の旅程表をちょいとのぞいて見て私はそれを知りました。まだまだ人並よりは細かいけれど、父にしてみたらかなり大まかで、その上最後の南米のところには、一度書いた上に大きく×印がつけられ、「未定」と朱書きがしてありました。

未定というこの二文字は、父にとっては私らが冒険という言葉を使うに匹敵するほどの勇気のいることであったに違いありません。

「食べる」ってことの楽しさ
それを教えてくれたのはチチ

「コイツはねー、結婚したばっかりのときには、メシの炊き方も知らなかったんだからねー」

と、亭主はことあるごとに、他人様《ひとさま》にこう吹聴してまわるのです。

たいていの場合、聞いたかたは、

「まさか、ゴケンソンでしょう」

って、おっしゃってくださって、その横で私も、

「そうです。いくらなんでもそんなひどくはありませんでした。味噌汁だって作れました」

と、必死になって弁解をするのだけれど、なにしろめちゃくちゃ若いときに所帯を持ったのだから、これは奥様ぶろうということが土台無理な話でした。

二人で買物に行くと、お店の人は私たちのことを、田舎から出て来て頑張って勉強している、仲の良い兄妹と思うのです。

「エライネー、親元離れてよくやるねー。ホレッ、ごほうびにおまけだ」

って、ときにはただでくれたりして、でもちゃんと作れるかどうか心配だったんでしょうね。どこの店でも作り方の説明つきで手わたしてくれました。それがすべて役に立っていたのだから、ま、手並の程はご想像になれるでしょう。

だから、今私の手の中にある料理の一つ一つは、ほぼすべてと言えるくらい、この家に来て覚えたものなのです。でもそれが、材料を揃《そろ》えて作るというだけの、ただ作り方だけの料理であったら、私は食べることへの興味をこれほどまでに持たなかったに違いありません。

料理法だけならば、それは本を見たりすればできたことです。

チチと亭主、この二人の男に出会って、私は料理そのものだけでなく、「食べる」ということから生れてくるいろいろな楽しみを知りました。それがあったからこそ、料理と仲良くつき合えてきたのであって、じゃなきゃ今ごろは、私フトンにもぐり込んで、袋から取り出した菓子パンかじりながら本でも読んでいるという暮らしをしていたに違いありません。

亭主の実家で暮らしているといっても家は別々に建っており、したがって原則的な日々の暮らしも、食事を含めて、チチの家とは別に営んでいました。

しかし、ご馳走することの大好きなチチが、すぐ近くにいる息子夫婦を放っておくはずがなく、

「ウマイモンができたから食べにいらっしゃーい」

と、インターホンを通じて、お声がかかります。

たいていは夜遅くでした。

「もうそろそろ寝ようかなー」

と思っていると、ビーッとブザーが鳴るのです。

「アタシ遠慮するよ、おなかすいてないもん。一人で行って、アタシ、ネル」

今さら服を着がえてノコノコ出ていく気はさらさらないのに、亭主は言うのです。

「いいから行こうよ。チチの料理ってうまいんだゾー。せっかく声かけてくれたんだよ。もう用意してあるんだよ。オマエ、行かないと、嫁の評判落ちるよー」

評判落とされてはかなわぬと、亭主の後を渋々ついていったのだけれど、まあ、チチの手になる、「真夜中の晩餐」の、なんと豪華であったこと。

タルタルステーキ、どじょう鍋、キンコの煮込み、ワケ（イソギンチャク）の味噌汁、私は生れて初めて味わうおいしさに、眠気を忘れて、嫁としての評判を高めることも忘れ

てむさぼるのでした。

チチの料理の相伴にあずかりたいと、ブザーの鳴るのを心待つようになり、そしてひとたびお声がかかるやいなや、居合わせた友人一同とともにうち揃い、ドカドカと押しかけるようになったのです。

「料理ができたから」

という誘いは、いつしか、

「料理を作るから」

に、変わっていきました。

私は、何気ないごく見なれた市井の野菜や魚や肉が、チチの手で次々とご馳走に変貌していく様に、目を見張りました。

使っている材料は決して高価なものばかりではありません。あちらこちら異国を旅して回っていたから、おのずとその料理は国際色豊かなものになるけれど、それとても、夢また夢の世界のものではなく、その土地土地のごく普通の暮らしぶりをしている庶民が、朝市などでたやすく手に入れられる材料に、庶民の知恵と工夫を加えて作ったという、人々の生活の匂いや暮らしぶりの楽しさが、生き生きと伝わってくる、そんな料理であり、味であったのです。

くり返しますが、チチは作家でした。にもかかわらず、そのころ、私はよく他所《よそ》でこう言われました。

「ご主人のお父さんは、確か有名な料理研究家でいらっしゃいましたわね。ときどき小説なんかもお書きになっていらっしゃるようですけれど……」

そしてまた、料理の好きなかたからは、

「ウラヤマシイワー、こんなお料理をいつも教えていただけるんだからー」

と、羨望の眼差で見られたのです。

そうです。料理を覚えるということにおいて、これ以上恵まれた環境というものもなかったかもしれません。しかし良き環境というものも、それを有効に活用せねば、豚に真珠のようなもの、といって私は、真珠にまるで関心を示さぬ豚であったというわけではないと思うけれど、素直でなかったのです。

手取り足取りしてもらうことが教えてもらうことならば、私は一度もチチに料理を教えてもらったことはないのです。

覚えたい気はありました。だってそれは、なんたって素晴しいことに違いないのですから。

「ワァーッ、オイシイ、どうやって作るんですか、教えてくださーい」

と、このひと言さえ言えば、チチはいつだって、喜んで手取り足取りしてくれたに違いないけれど、でもねー、偉い作家先生を目の前にすると、このひと言がなかなかすっとは出てこないのです。加えて私は人見知りをしますからね。

「ウチの嫁は愛想がなくって……」

と、ハハに言われるけれど、お愛想したい気持ちは山々あっても、やっぱり恥ずかしい。花恥じらう娘の真似をしているのではなく、これは生れついた性分で、だから、

「教えてください」

「ハイ教えてあげましょう」

と、こう簡単にいくはずのものが、いちいちややこしくなるのです。

素直さ足りぬ故に、誰からも強いられたわけでもなく、自ら昔ながらのまどろっこしい徒弟奉公を選んでしまいました。

私は常に黙々と、チチの横で皿を洗うことから始めました。そしてチチのやっていることを、チラッ、チラッと横目で盗み見るのです。

今にして考えれば、何とイヤラシイこと。可愛気のない女が、横につっ立ってジーッと見ているなんて、こんな気味の悪いことはないと思うのです。でもチチはそれとなく教えていってくれました。

「エート、ツァーローペンを作りますからね。セロリとピーマン、たけのこ、椎茸、豚肉、全部細く切ってください。アッ、もうひとつあった、搾菜《ザーサイ》も同じように切ってくださいね。冷蔵庫の中にはいってますから……」

命ぜられるままに材料を取り揃え切っていると、適量のところでチチのストップがかかります。それでほぼすべて同じ分量を用意すればよいことを覚えます。

マナ板を洗っていると、横では中華鍋が火にかけられ、油がタラーッと少し多めにそそがれ、少し煙が出てくるころ、つぶしたにんにくがポーンと放り込まれます。そのパシッというはねつけるような音を聞き、中華料理の炒《いた》め物の鍋の熱さのすごさを知るのです。

豚肉が炒められ、次々と野菜が放り込まれるとき、私のほうは、流しの中はあらかた片づいてしまって、もうすることはないのだけれど、ここで辞しては料理の全貌がわからなくなると、今度は三角のゴミ受けの裏を洗うことを思いつき、まだまだしつっこく横にべったりと居つづけ、一番最後に搾菜が入れられたところまでを、しかと見とどけるのです。

これを何度かくり返していくと、料理の名前を聞いただけで、材料をさっと用意し、タイミング良く調味料を手渡せるようになっていくのです。

料理によってはでき上がるまでにかなりの時間がかかる場合もあり、その手順の全工程にすべてつき合うということは、一度ではなかなかできません。だから順序はバラバラ、ある日はでき上がり寸前のところに居合わせたり、ある日は仕込むだけだったり、あるいは煮えている最中だったり、そうして前後メチャクチャにはいってくる知識を、いろいろ重ね合わせて一つのすじ道通った料理として手に入れるのに、何か月もかかったこともありました。

夕食の仕度を手伝っていると、泥つきの長ねぎの大束を手渡され、目を真っ赤にして小口切りにするのだけれど、この膨大なねぎの山がいったい何になるのかは見当もつかないのです。そしてそのねぎがどこにも使われていない夕食を食べて家に帰り、そして次の日行くともうねぎは跡形もなく消え失せ、その上またまた薬味がいるからねぎを刻めと言われれば、やっぱりあのねぎの行方が気になって、

「アノー、昨日のねぎは……」

「あれはバーソを作ったんで、全部使いました。テーブルの上にドンブリがあるでしょ。あの中にみんなはいっています。見てごらんなさい。手品ですね」

涙ながらに格闘したあのねぎが、ドンブリの中に味噌のようなネットリとしたものになってはいっているのです。たったドンブリ一杯の中に。

うまいうまいと客がつつく横で、チチは、

「ウチのものどもは、みんな冷たいですよー。昨日の夜中、一人でねぎを炒めてました。ダーレもきてくれなかったネー。きたのはタローのところの犬だけでしたね。さびしいネー」

そしてまた、別の日には、アメ色に炒められたねぎの中に豚の三枚肉のひき肉が少し加えられているところに居合わせ、ひたひたの醬油と酒がそそがれて、そして煮つめられるのを見るのです。

バカよねー。最初から、ねぎを刻んでいるときに、

「これは何に使うのですか、どうやって料理しますか。時間はどのくらい」

と、こう聞きゃ一回でわかっちゃっただろうにねー。でも友達に、

「バーソを作るのにはネギをどのくらいの時間炒めればいいの」

と聞かれ、

「大の男が夜中に、炒めているうちに人恋しくなってくるくらい」

と言うとなんとなく通じちゃうし、またこう言ったほうがわかりが早い人も中にはいます。

チチからオニオングラタンスープの料理法を伝授されたあるおかたは、

「まず用意するものは、一人一個あての玉ねぎ、にんにく、チーズ、フランスパン、スープストック、それにビール一本」

と、おっしゃいます。

「ビール一本よけいでしょ」

「いや、ビールはどうしてもいります。玉ねぎをアメ色になるまで炒めるには、ビールを飲みながらやらなくてはいけないんダナ。ビールを飲まないで炒めるとうまくできませんよ。だからボクはビールのないときには、オニオングラタンは作りません」

グラスを片手に料理するなんて粋なことは、私にはとても真似できないけれど、そうい

った遊びの部分というのは、一見無駄なようだけれど、本当は大事なことなのだと思います。

料理の本には決して書いていないオニオングラタンのビール一本は、料理に直接加えてはいないけれど、やっぱり味を作り出すことにかかわっているのです。

もし、チチの作る料理がすべて無駄なく合理的な事務のようなものであったら、私はその料理がいくらおいしかろうとも、作ることはもちろん、食べるということすら嫌いになっていたかもしれません。私には、料理の本には書かれていないところでの料理とのつき合いのほうがむしろ楽しかったし、分量を暗記したり、復唱したりの苦しみで目を三角につりあげる必要もなく、自分の五感を駆使しさえすればいかなる料理とて恐れることがないのだと、それがわかったからこそ料理をすることが楽しくもあり愉快になったのです。

料理にはその方法を探りあてるという面白さもありました。

もちろん料理の本を読んでしまうのが一番手っ取り早いことではあるけれど、その気になれば文庫本のたった一行の中からでも、料理の方法をつかみ取ることはできるのです。チチの場合はときには『古事類苑』まで持ち出したりするから、ドギモを抜かれるのだけれど、辞書の類だって料理の本として使えるのです。

でもときにはあまりの文学的な言いまわしについついひっかかってしまうときもあります。

「食べるときにタデの葉で酢をふりかけて」

これをどう解釈します？　いかにも酢の中にタデの葉をザンブとつけて、パッパッとやるような、そんな気がしますね。ところがこれは、後でわかったのだけれど、タデの葉をすり、酢でのばした「タデ酢」のこと、最初は本気になってタデで酢をふりかけました。でもやりながら、どうして山椒の葉じゃいけないのかがわからなく首をかしげ、そしてある日タデの葉でなければいけない本当の意味を知り、大笑いになるのです。

料理の本を読んでやったのでは決して起こり得ない、こういう試行錯誤はけっこう面白いものです。「カラシレンコン」も、その手際の良い味噌詰めの方法を知るまでには、かなりの苦労と時間がかかっているのです。

丸のままゆがいたレンコンの、あの小さな穴の一つ一つに辛子味噌を詰め込むのは、並たいていのことではなかったのです。あっちベタベタ、こっちベタベタ、そこらじゅうに味噌をくっつけて悪戦苦闘、ようやっと詰めたつもりが、でき上がって切ってみると、三分の一くらいは何もはいっていないスッカラカンの穴だったりするのです。

おせち料理に用意することが多かったから、たいていは亭主にその役がまわってきました。

そしてある年の大晦日《おおみそか》いつものように味噌を詰めるために絞り出し袋を取り出して、さあ始めようという段になると、チチは、

「今年はタローは見物ですよ。やりたくなってもやっちゃいけませんよ」

と言って、テーブルの上にマナ板を置き、その上に辛子味噌をどっさとのせたのです。いったい何が始まるかと見つめている私たちの前で、チチはレンコンを握って、その味噌の山をトントンつきだしました。ものの一分とたたぬうちに、レンコンのもう一方の穴から味噌がニュッと飛び出してきて、それで終わり。あっけにとられている私たちを愉快そうに見ながらチチは言うのです。

「リコーモンはこうするのです」

全国津々浦々、海の向こうのよその国まで足をのばし、そのつどいろいろな珍しい味や方法を、こうして私たちの前で再現してくれるのだけれど、見知らぬ土地で、味はともかく、いったいどのようにしてその方法をうばい取ってくるのかはわかりません。

しかし、私は一度だけ、チチがまったくもって材料も作り方も不明なる料理を相手に、一つ一つ謎をといていくようにして方法を探しているところに、居合わせたことがあります。

その料理は、到来物の某デリカテッセン製のビーツサラダでした。もっともビーツとわかったのは調べた結果のことであって、最初は何が何やら不明のピンク、というよりオペラレッドに近い色をした、甘酢っぱいサラダだったのです。味も良かったけれど、とにかくそのサラダの魅力の第一は色で、そのギョッとするまでに派手派手しい色は、宴席にはバラの花を置く以上に美しいのではないかと思われるのです。しかもこれは食べられる。人工的な着色ということは、それを作った店の風格から思えば、まず考えられないことでした。

まず最初に、チチはサラダを一さじ、小皿に取り分けました。

次にそれを箸の先でバラバラにほぐすと、一辺が五ミリ強の方形の粒々があらわれます。その一粒一粒をはしから順に、つまんではしゃぶり、つまんではしゃぶり、口の中でなめまわし、からみついているソース状のものをすっかり取りのぞいて、別の皿にならべるのです。

どれもこれも同じようなピンクの色であったものも、表面うっすらとくっついているソースを取ってしまうと、白っぽいものあり、赤っぽいものあり。分類が終わると、今度はその一つ一つを指でつぶしてみたりかじってみたり、正体をあばいていきます。

「オッ、これは何かな。なんだハムか、こっちはリンゴでしょうね。ウーン、これはー。そうか卵、ゆで卵の白身です。このまっかっかのは何だろうね。エート、エート、あれは何て言ったっけ、そうビーツ、ビーツ、そうですよ。このサラダの色はビーツの赤ですよ。気がつかなかったねー」

こうして探しあてたのは、ビーツ、ゆで卵、ハム、じゃがいも、にんじん、セロリ、玉ねぎ、リンゴ、どれもが同じ大きさのサイの目に切ってありました。多分これらをマヨネーズであえたのに違いないと、材料さえわかってしまえばしめたもの、さっそくビーツを買ってくるのです。

ビーツは丸のままを、酢を少々落とした水で、竹ぐしがスッと通るまでゆで、薄切りにして色出しと保存のために、生酢の中につけ込んでおきます。

ビーツはさらにサイの目に切り、にんじんとじゃがいも、これはくずれてしまっては元も子もないから、切って一度水にさらしてからかためにゆで上げました。

セロリ、玉ねぎ、リンゴは切ってそれぞれうすい塩水につけてさらし、よく水気を切っておきます。

ハムもゆで卵も、すべて同じ大きさのサイの目切りです。

さてそれをマヨネーズであえるのだけれど、それだけじゃ能が無いからと、ドレッシングソースと半々くらいにして、塩とホワイトペパーも少々入れて、かき混ぜて、はい、できました。

イエ、できなかったのです。かんじんの色が、まるで違っていました。あちらさんのサラダはフワァッと均一のピンクをしているのに、こちらのは、じゃがいもはあくまでも白く、にんじんはオレンジ色に輝き、ビーツは黒と見紛う赤さ、とにかくそれぞれの持ち色がそのままの色でアチコチにちらばり、たとえていうなら色覚検査表のような奇怪なサラダができてしまったのです。

のです。

「ウーン、コマッタネー。何か秘伝がありますねー」

と、チチは思案するものの、これをどう処すればいいのか、方法は誰も考えつかないのです。

それでも味は良かったから、

「おいしいからいいでしょう。これはダンサラダです」

食べ残しは冷蔵庫にしまいました。

しかし次の日、再び取り出したとき、すべてが解決したのです。一晩たったサラダは昨日よりは大分濃いめの色になっていました。それを何の気なしにスプーンでひと混ぜふた混ぜしていると、アーラ不思議、見る見るうちに、あの美しいピンク色のビーツサラダに変貌していくではありませんか。

「ヤッタ、ヤッター」

ってなもんで、こういうときは、鬼の首でも取ったようにうれしくなるものですね。

ガラスの鉢に緑のサラダ菜をしきつめて、ピンクのサラダをこんもり盛り、上からケシの実をパラパラッとふりかけると、あたかもそれは大輪の花のよう。誰もが、

「きれいですね。いったいこれは何で作られたのですか」

と、不思議に思う、楽しいサラダができ上がったのです。

旅をしながら、行く先々で、なめてつぶしてかんでみて、こうしてたんねんに味を探し

ていったに違いありません。この方法をつかえば、たいていのものはわかるのだそうです。

「でも今までにわからないものが一つありますね。中国で食べたんだけれどねー。マンジュウの中にスープがはいっているんです。アレはわからないねー。どうやるんだろうね。注射器で入れるんですかね。ダメですね。すぐに出てきてしまうでしょう」

何度も何度もこの話が出てましたから、よほど気になっていたのでしょう。

でもこれはわかってみるとおかしくなるほど簡単なことでした。

「マンジュウのこと、わかりましたよ。いろいろとたずねてみるもんだね。スープを濃くして冷たくすると、ゼラチンがかたまってゼリーみたいになりますね。それを皮で包んで蒸すんだそうですよ。リコーモンがいますねー」

ああ、私ももう少し素直になって、欲をだしていろいろ聞いときゃ良かったんです。そうしてたら、チチの料理のすべて、とまではいかずとも、せめて半分くらいはきちんと覚えて、今ごろは人様の前で大威張りできたかもしれなかったのに。今さら言っても遅いのです。

でも、チチの試行錯誤や、探求法に少しばっかり触れることができたから、私だってやる気になればなんとか作れるようになるのではないか、と勇気が出てくるのです。

しかし、どうがんばってみても真似のできぬのは、あのマメマメしい買物ぶりです。日に一度ならず、二度も三度も買物カゴを下げて街を練り歩くのです。台所においてある、巨大な業務用冷蔵庫から材料があふれていたって、やっぱり行くのです。私は、二度行くところなら一度にへらし、買い出しに行かずにすませられる日があったりすると、大喜びしちゃうのですがねー。

ですからチチは、町のことごとくの店に、その買物ぶりを披露しています。だから町中の店に顔がきくんです。私たちはその恩恵に浴することもあるけれど、また一方ではその差を赤裸々に見せつけられるという、ひがみたくなる目にもあいます。

この間なんかもごま油を買いに行ったんですよ。しかし目指す銘柄は、その店のどこを探しても見当たりません。たずねる私に、店の主人はこう告げるのです。

「ああ、あの油ですか。あんまり出ないんでね。以前はね、この近くに住んでいらっしゃるんだけど、檀一雄さんて小説家、あのかたがよく買いに見えたんですよ。だからこちらも気をつけて用意しておいたんですが、そのかたこのあいだ亡くなられてねー。だから油も入れるのやめちゃったんです。檀さんは、椎茸や昆布もいろいろ吟味なさってね。ほら、そこにある幅広の昆布、それがご愛用だったんですよ」

昆布や椎茸の入荷まで喪に服されると困るので、家にはまだ買い置きがたくさんあるのだけれど、私はさらに買い込んで、支持層があることを乾物屋の主人に納得させるのに必死になります。

でもねー。頼んでおいたごま油、あれから大分たつのに、まだ取り寄せてくれていないんですよ。チチはきれる前に用意しておいてもらえるのに、私は頭下げてお願いしても、無視されるのです。

そしてまたある日、久しぶりにスーパーではなく、肉屋の肉を食べようと、勇んで肉屋に足を運べば、店の主人、

「センセーはそんな買い方はしなかったね、アンタ、まだまだだネー」

といびるのだけれど、そこはそれ、二人の幼な子をかかえた若輩の身とあらば、諸般いろいろ事情というものがあるじゃありませんか。そのまな板の上の血のしたたる肉塊を求めたい気持ちはやまやまなれど、

「スライスして三〇〇グラム、包んでください」

と、さびしくつぶやくのでございます。

チチが愛した能古島《のこのしま》

その優しい自然と人たち

九州の博多湾の中に、「能古島」という小さな島があります。

健康を害したチチは、体の回復を図るべく、その島に居を求めましたが、ついには終《しゅう》焉《えん》の地となりました。

まだ元気だったころ、チチは、

「ステキな所ですよー。坊やたちを連れて、遊びにいらっしゃーい」

と、声をかけてくれるのでしたが、私たちの押しかける気配が漂いはじめると、豆台風の騒乱を避けて、入れ違いに東京へ逃げて行ってしまうのでした。

だから、この素敵な島でチチといっしょに過ごしたことは、さびしいかな唯の一度もありません。

「シマ」という言葉から、私は、遠くはるかにポッカリ浮かぶ島を想像していたのだけれど、船着場からフェリーボートに乗って十分もあればついてしまう所でした。観光客の足を寄せるために、何かというと手近な島を橋で結んでしまうことに慣れた目には、その侵されやすい場所に、なおも毅然《きぜん》として浮かんでいる姿が、嬉しくもあり、また驚きでもあるのです。

島から手が届くような所に街があるのだけれど、その間に海が横たわっている効果は絶大なもので、ややこしい街の喧騒は、見事に断ち切られ、まるでここは別天地のような静けさに包まれています。

内海だから、玄海の荒波もここまでは届かず、島を覆いつくす自然は、かくも優しきものかと驚くばかりの、柔和な姿を見せてくれるのです。

フェリーボートに車を乗り入れることのできるのは、島の住人に限られています。だから、訪れる人は車を船着場に置いて、身一つで島に渡ります。

一日をゆっくりと遊んで過ごすのには、ちょうど手ごろな島の広さです。

私有の車をのぞいた、島の唯一の交通機関はマイクロバスで、しかしそれには老人、幼児優先の標示があり、元気な人は自分の二本の足で歩かねばなりません。これは自然を肌で感じて欲しい、という島の人たちの心意気で、常に目的地に向かってあくせくと歩を早めて暮らす私たちを、ほんの少し恥じ入らせ、また心なごませてくれるのです。

この島を訪れた人の誰もが、博多の街のほんの目と鼻の先で、素朴な自然と暮らしが息づいていることに驚きます。そして同時に、その美しさが、いつまでもそこなわれぬことをねがうのです。

私たちに、島の自然の中で暮らす楽しさと、心づかいを教えてくれたのは、この島に住むタカダセンセーとセンセーのオクサンです。

チチの家に行く坂道の途中を、ちょっと横にはいった所に、タカダセンセーのお宅があります。

タカダセンセーは小学校の先生です。

夏休みには街の学校の子供たちを島に連れて来て遊ばせ、その子供たちの入浴のために、わざわざ家の風呂場を大きく造り直したという、そんな先生です。

だからタカダセンセーのお宅はお客が多いのです。皆がセンセーを慕って集まるのは、センセーのこういうお人柄にひかれてのことであるのは言うまでもないけれど、もう一つには、オクサンのお料理のおいしさに引き寄せられるからなのです。

タカダセンセーのお宅の台所では、いつも何かがおいしそうにコトコトと炊かれています。

島についたばかりでまだ荷物もほどいていない私たちに、

「スミマッセン、お茶漬だけしかないんですよー」

と、用意してくださるご飯は、

「ごめんなさい。いつも突然に押しかけまして……」

と、恐縮のふりをするけれど、実は私たちの楽しみの一つです。

海辺で採れる新鮮な魚介、庭先の菜園で作られた野菜、そして折よく春ならば、能古の野山で摘まれた、ツクシ、ワラビが食卓を飾り、遠慮を知らぬ私たちは、狂喜してむさぼり食らうのです。

ドンブリ一杯のツクシに驚き、

「ツクシなんて手のひらいっぱいくらいしか採ったことないし、正直な話、私ワラビがはえてるとこって見たことないんです」

と言う私のために、センセーのオクサンは、忙しい時間をさいて、

「山のほうに遊びに行きましょうかー」

と、誘ってくださいます。

喜び勇んで買物カゴをぶら下げて、オクサンの後からついていくのだけれど、私の前を行くオクサンの足の早いこと早いこと。藪《やぶ》をかきわけ、小川をピョンと渡り、あれよあれよという間にサササーッと先のほうに行ってしまいます。年は私のほうがズーッと若いはずなんですけどねー。

足元に草をからませたり、すったもんだしていると、声がかかります。

「ホラッ、あそこに一つワァーッと黄色くなっている木が見えるでしょ。あれがミモザの

花ですよ」

「ドコ?」

「アッチ、アッチ、ほら、あそこにピョンと飛び出してる高い木があるでしょ。その斜め右下のほうに……」

私が、花屋でしかミモザを見たことがないと言っていたので、教えてくださっているのだけれど、ダメ、私こういうことって、全くダメなんです。見えないんです。イエ、別に目が悪いわけじゃありません。視力は人並なのだけれど、見分けというものが全くつかないのです。

人ゴミの中で知った人の顔を見つけることはまずできない、注意力散漫です。草木の名前を知らない、記憶力に乏しいのです。

だから自然のフトコロに抱かれると、その欠けたるところがすべて暴露されます。

「空は青くって白波たってる。おひさまキラキラ、木々の緑が光ってら。ワー、キレイダナー」

と、感激はするのです。でもそこまでで、あとは寡黙の人となることにしてます。

だって、「クヌギ・ブナ科」なんて書いてある木切れがくっついていないと、クヌギと栗の区別はつかないし、知ったかぶりで得意になって、

「ジャガイモが植わってるー」

というと、アズキだったりして、稲と麦は季節が違うからなんとか恥かかないですんでるけれど、アレいっしょのころだったら、実をつけるまではやっぱりメチャクチャなこと言っているに違いありません。

私の亭主というのは、こういうことの能力に非常にたけた人間で、名前もよく知っているけれど、それ以上に見つけ出すことが大変うまいのです。でも彼の目は遠視なのです。それだから、よく見えるのだと、長いこと私はそう思っていました。

ところがタカダセンセーのオクサンの後をついていくうちにわかったのだけれど、ああいうことって、目の機能の問題ではないのですね。

「オマエ、いつも上の空でボーッとしているから、見えないんだよ」

と、亭主は言うけれど、真剣になってもやっぱりだめ。草や木に強い人っていうのは特別な皮膚感覚みたいなものでもあるんじゃないのでしょうかね。

それで私、見えない人。

何でもスゴーク良く見える人、タカダセンセーのオクサンは、ミモザの所在を私に教えようとして遠くを見ていたはずなのに、

「アラッ、ありましたよ。ツクシ……」

さっとかがむと、もう手の中には一握りのツクシがはいっています。

「ホラッ、そこにもありますよ。あなたの足元の所に……」

私はミモザの花とて、まだしかとは確かめていないのに。

「ツクシ、ドコにありますかツクシ」

足元にあるというツクシを探すのに、オマワリを言いつけられた犬のように、同じ場所をグルグルまわっている私のカゴの中に、ツクシをドサッと放り込んで、オクサンはピョンピョンと先のほうに歩いて行ってしまうのです。そして藪の向こう側から、

「ワラビがありましたヨーッ。早くいらっしゃーい」

「アノー、私、ツクシがまだ……」

「だいじょーぶヨー。あとでいい場所に、連れて行ってあげまーす。カマで刈るほどはえてるトコ知ってますから、いいから早くこっちにいらっしゃーい」

そこは、私にだって間違いなく採れるという、折り紙つきのワラビの原っぱです。

しかし、ワラビに関しては原っぱなのだけれど、実はここはミカン畑です。だから、私たちはワラビを採る前に、エッチラオッチラ坂を下って、まずミカン畑の持ち主のお宅に挨拶をしにまいります。そして、畑にはいってワラビを採らせていただいてもよいからうかがって、採るのはそれからのことなのです。

ツクシの原っぱに行ったときもこれは同じでした。

土地にはすべて持ち主があり、そこへ立ち入るも、木の枝一本持ち帰るも、すべて無断

「ドコ？」

でしてはいけぬこと。これは考えてみれば当然のことなのだけれど、それが垣根もなにもない野山で、しかもこちらが遊び半分の気持ちでいるときには、ついつい忘れてしまう心づかいなのです。

タカダセンセーのオクサンは、そこのところを実にきっちりなさいます。たとえそこが、親戚すじにあたるような、よく気心の知れた家であってもです。

豊かなようであっても、島の資源には限りがあります。そして限りある資源の中で生きていく島の暮らしでは、すべてが生活の糧につながっているのです。私たちが物見遊山でズカズカ入り込み、まるで自分のもののようにして無造作にもぎとることは、島の暮らしを踏みにじることにつながります。

それがすぐさま死活の問題につながっていないからこそ、無遠慮な観光客が島に来ることを拒まずがまんしていてくれるのだけれど、ここ能古島とは離れた別のある島では、島民が生きていくのにギリギリの水しか持たないので、客は即、命をおびやかす侵入者になるのです。だから露骨に拒否されるのだそうです。

しかし、直接であれ間接であれ旅人の心ない行為は、島の人の生活をおびやかすことには変わりありません。「お客様は神様」はデパートの中での話であって、旅に出たら「お客様は居候《いそうろう》」だから、つつしみ深く、遠慮深くしておりましょう。

ピョンピョン、ピョンピョン、あっちにもこっちにもつっ立っているワラビに、

「ワァーッ、採るゾ、採るゾ」

と張り切って、どうせ採るならこの際一センチでも長くと、根元のところから無理やり折ろうとしていると、

「アラアラ、そんなにして採ったらあとの始末が大変、すじっぽいところは土に残して、おいしいところだけ採りましょうよ。ホラ、こうやって茎を曲げると、簡単にポキンと折れるところがあるでしょ。食べられるのはそこから上ですからね。グニャッと曲がるところで無理して採っちゃだめですよ。長かったり短かかったり、不揃《ふぞろ》いにはなるけれど、そうして採ったワラビは全部食べられるところばっかりだから、あとが楽ですよ」

と、教えてくださるのです。

話がまたまた横道にそれるけれど、この方法はグリーンアスパラガスを扱うときに役立ちます。

八百屋から買ってきたアスパラガスは、湯がく前に、根元のかたそうなところを少し切り落としていたのだけれど、それでもすじっぽいわらのカスのようなものが口に残ることがあります。それを見越してちょいと余分に切ったりすると、今度は、

「もしかして、あの捨てちゃったほうにも、まだ柔らかいところがあったかもしれないぞ ー」

と、ケチ根性がムクムク頭をもたげて、悔やませるのです。

だから包丁を使って儀礼的に切らないで、ワラビのように手折ってみれば、無用の心配をせずともすみます。

このごろのアスパラガスはかなり質がよくなってきたけれど、それでもどうかすると、一本の半分くらいを廃棄処分としなければならぬものも混じっています。

皮？　あらヤダ、皮むいてるの、ゴクローサマ。でもあれは別に毒じゃないし、第一くっつけといたほうがおいしいですよ。

私がポキンポキンとワラビを折っていると、タカダセンセーのオクサンは、またしてもササササーッと藪の中にはいっていってしまいます。そしてしばらくして出て来たオクサンの手には、ワラビがどっさりとかかえられているではありませんか。

「これだけあれば、もう充分ですね。サ、次へ行きましょう」

「ハイ」

私はひたむきに採りつづけていた、一握りのワラビを、あわててオクサンのワラビの山にもぐり込ませて、また後からスタコラついて行きます。

「もう少したつと、このあたりは山桃の実でいっぱいになって素敵ですよ。おいしいジャムができますよー」

山道をトコトコ歩きながら、これから訪れる季節の山の様子を教えてくれ、またまたどの木にどんな実がなるのやら、一つ一つの確認にウロウロキョロキョロ大わらわしている私の横で、オクサンは川ゼリを摘み、ツワブキを採っていくのです。

ツワの葉は大きく、これは毎日家の玄関先でおなじみになっているから、もう間違いはないと自信持って、それでひときわツヤツヤと瑞々《みずみず》しく光るのに手をのばすと、

「アラ、それはだめ、古い葉ですよ。今年出た葉っぱはこっち。こんなふうに細かい毛がたくさんはえていて茶色っぽいの、これがおいしいんですよー」

半日も歩かないで、カゴの中にははいりきれぬほど、たくさんの山菜が採れました。

「よかったですねー。思いのほか、たくさん採れましたね。やっぱり一人より、たくさんで出かけたほうがいいですね」

いいえ、これはほぼすべてオクサンの採られたものであって、私はただ、

「ドコー、ドコー。ドレー」

と言いながら、後からウロチョロついてまわっていただけなのです。家に帰りつき、

「さあ、お茶でもいれて、ひとやすみしましょうか」

と、私がドデンと座り込もうとすると、

「その前に、つくしの袴《はかま》を取っておきましょうか。早くやったほうが取りやすいですよ」

「ハイハイ、あ、あのワラビはどうしておきましょう」

「あ、ワラビね。今、灰をふりかけて熱湯をさしておきました。あのまま冷めるまで放っておけば大丈夫。アクがぬけますよ。新しいから、多分それだけで柔らかくなっていると

思いますけれど、はしっこかじってみて、もしかたかったら、もう一度ゆでて召し上がってくださいね。ツクシが終わったらツワの皮もむいてしまいましょう。毛はさっき、歩きながらしごいてしまったから、簡単にできますよ」

ああ、何というこの手早さ。私がポカーンと口をあけている目の前で、料理の下ごしらえもまた、タカダセンセーのオクサン一人で全部すんじゃって、

「やっぱり人手があると早いですねー」

と、おっしゃいます。

「オクサンのおっしゃる人手とは、もしかして私のこの手のことかな」

と、私は二本ぶら下がっている我が両の手を、じっと見つめるのでした。

八百屋と張り合う気はないけれど
野菜を育てるって楽しいことですよ

能古島のタカダセンセーのオクサンは、自然の中からおいしい味を奪ってくることがそれはお上手ですが、庭先にも見事な野菜をいっぱいに作っています。

「余分に差し上げても、かえってお邪魔でしょ。入り用のときに、好きなだけ持っていってくださいね」

と、おっしゃってくださるのに甘えて、私たちは、自分の畑のようにして採らせていただいていました。

鍋を火にかけると同時に、

「ヨーイ、ドン」

子供たちと競争で、センセーの畑までかけて行きます。

ブロッコリをちぎり、カリフラワーをもぎ、ついでにレタスも一株いただいて、また家まで走って帰ります。煮たった湯の中に放り込んで、ほんの一瞬湯がいたブロッコリとカリフラワーのおいしいこと。新鮮ということが、これほどまでにおいしいものとは知りませんでした。

オクサンは、家事の合い間にチョコチョコッと、いとも簡単そうに畑仕事をしているから、

「私も東京へ帰ったら、家で野菜を作ってみようかなー」

という気になってくるのです。

「マァーぜひそうなさいな。やり方はいろいろあるけれど、一番確かなのは、本職の畑をよく注意して見ていて、後から後から真似をするやり方ですね。アチラが畑を掘り起こしたらコチラもやり、何か芽が出てたら名前を聞いて、同じものを家でも蒔《ま》く、間引きが始まったらこちらも間引いて、と、こういうふうにしていけば、その土地に合った作り方を、自然に覚えてしまいますよ。大丈夫、簡単だからやってごらんなさい」

そう言われると、本当に簡単なような気がしてきて、そして種までいただいて、

「晴耕雨読の生活を始めよう！」

と、やる気充分で東京へ帰るのです。

夢と希望に胸をふくらませ、はてさて手はじめは何を蒔いたらよいかと、自転車をすっ飛ばして探索に出かけるのだけれど、つい何年か前には畑だった所も、ことごとく家が建

ち並び、辛うじてポツンポツンと残っている畑地には、なぜかいつも、キャベツばかりが植わっているのです。

キャベツもよいけれど、でももうちょっとバラエティというものに富んでみたいし、先達の手本なければ自力でやるほかないと、見当はつかぬままに手当り次第、種を蒔きました。

春というのは、なんとなく気持ちが浮き浮きしてくる季節で、そしてまたすべての力が自分の掌中にあるような錯覚におちいるときでもあります。

永い眠りから覚めたばかりの草木の姿は、まだ初々《ういうい》しく、雑草ですら、可憐な芽をチョッと出している様子は痛々しげで、その下に図太い根っこをしっかり広げているなんてことは、想像をだにさせません。

私は夢中になってあっちこっちに種を蒔き、

「ほら、これ小松菜の芽、あっ、レタスも出てきた。そっちはカスミ草よー」

もう大騒ぎで、家族の一人一人を連れてきては、いちいち感激の声をあげさせないと、気がすみません。

夜には寝床の中に、種屋の色刷りカタログを持ち込んで、

「今にこうなるゾー。野菜って朝採るとおいしいんだってね。アタシお日さまといっしょに起きるゾ！　朝露踏んで、レタス摘んで、花切って……、ワーッ、いいなあ！　アタシ、

明日から真面目に生きよーっと」

朝から晩まで、ニタニタニタニタ、もう前途は洋々、花咲き乱れ、キラキラと野菜が陽に輝く様を想像しながら、夢いっぱいの毎日が、しばらくの間は続きます。

〈たのしい野菜作り〉なんていう園芸書が唯一のたよりで、

「株と株の間は、一五センチ？　フーンこのくらいか、フムフム」

と、したり顔で、朝な夕なにオベンキョウです。

しかし、あたり前のことではあるけれど、野菜の本には野菜の生長のことだけが書いてあります。

でも現実はというと、私のまわりで生長しているのは、私の蒔いた種から芽を出した野菜や花だけでなく、草も木も、命あるものみなすべて、春を謳歌しているのです。私がその存在を認識しようがしまいが、おかまいなしに健やかにのびていきます。

そしてその中で最もひ弱なのが、私の育てている苗たちです。

陽の当る場所を選んで掘りおこした畑ではあったけれど、そのそばの木が落葉樹であることにまでは気がまわらず、三月初めには確かに陽が当っていたはずだけれど、今やベンチでも置いて涼んだほうが良さそうな木陰となりました。

あれよあれよという間に、土は雑草で覆われ、野菜畑と呼んでいるのは種を蒔いた本人だけ。冷静、かつ客観的な立場に立つ、先入観を持たぬおかたが見ると、

「なんで雑草に肥料やって育てたりしてんのよ。アンタ漢方医学かなんかに凝りだしたの？　煎薬《せんじぐすり》でも作るつもり？」

そう言われて、しかと見つめれば、ジュズがのび、よもぎがはびこり、大ばこが密生しているところなんかは、漢方薬草の畑といっても立派に通用しそうです。

それでも私は、

「たとえ奇怪な畑であろうと、ここは最初は野菜畑であったし、今も野菜畑であるし、将来も野菜畑でありたいと、私も野菜たちも努力をしているのです」

と、弁解に必死になります。

「雑草も、芽のうちは可愛いねー」

と、柄にもないカマトトぶりで、ボヤーッと見ていたのが、間違いの始まりでした。

もっと苛酷になるべきだったのです。

「今からでも遅くはないぞ、情けは無用！」

と、態度改めてみたって、もうここまできてしまうと、抜いたって抜いたって、後から後から、ニョキニョキのびてきます。

他所様《よそさま》の畑では、うねとうねとの間に、抜いた雑草を置いて、自然に枯らしていたようだからと、私もそれを真似てみます。

どうしてですか、他所さんは根元の日よけになって役立っているというのに、うちじゃこれが全部根づいて、再び勢いよくのびてきました。陽はさえぎられ、雑草にしいたげられ、それでも陽だまりを求めて、懸命に体をねじまげてのびていく私の苗たちの、なんといじらしいこと。頭でもなでて、ほめてやりたいくらいなのに、なんと、彼らの体をなでまわしたのは、虫！

昨日は確かに葉っぱであったのが、今日は優美なレース、それならば、あさってあたりはさしずめ葉脈標本になっちまうに違いありません。

オカイコサンとつき合ったことのあるかたでしたら、よくごぞんじでしょう。あの手の虫の幼虫の食欲たるや、ものすごいものです。あの小さな虫の体の、一体どこにはいってしまうのか不思議になってくるほど、大量に葉っぱを欲しがるのです。

薬を使わずに虫害から野菜を守ろうと思ったら、ただひたすらに注意と根気、それあるのみです。その注意を怠ったからこういうハメになって、その根気がないから見捨てられ、野菜は虫の腹のくちくなるまで放っておかれました。

こうした苛酷な境遇の中で、なんとかがんばりつづけるのは、なす、つるなしいんげん、一見弱々し気なサラダ菜は、なぜか虫がつきませんでした。これは、大きくなった葉から順々にかき取って食べていくと、また次から次へと葉が出てきて、とうの立つまで楽しめます。苦労のあげくようやっと収穫にまでたどりついた野菜を、根こそぎ抜いて一回で食べるのじゃ、惜しくって惜しくって、だから家で作る場合はなるべくこの手の「かき取り方式」ができるものをおすすめします。

三つ葉、春菊などはまず虫がつかないし、切りとっても根さえ残しておけば、また新しいのが下からのびてきます。

しそは、一回蒔いておけば、あとは雑草と同じ繁殖力ですから、これも家庭菜園向きです。

こういう薬味の類を揃《そろ》えるだけでも、毎日の食事には結構役に立つものです。一回に使う量はほんの少しだから、山椒なんかパック入りを買った日にゃ使い切るのに一苦労。そうそう木の芽あえばかりやっているわけにもまいりません。庭がなくたって鉢に植えて一本持ってりゃ、観葉植物にもなるじゃありませんか。

唐辛子はわざわざ作るには及ばないと思うけれど、パセリは、やはりどこか片隅にでも植えておきたいものです。パセリが必要になって、もしそれがいい気候のときだったら、八百屋に行かず苗屋に行って、根付きのものを買います。そして、その日の料理に使う分だけちぎって、残りを土に植えるのです。

パセリの束をコップにさして、食卓の花がわりにするのも洒落《しゃれ》てはいるけれど、いずれ使い切って無くなってしまいます。たいした値段の違いではないから、株を買って土に管理させて、増やしながら使っていくほうが、ずっとお得でおいしい方法です。

ディル、セージ、タイム、コリアンダー、こういった西洋香辛料を、片っぱしから蒔いてみるってのも、また面白いものです。

「本来こういう香辛料は、生のものを使うのですよ！」

と、気取るためにじゃありません。

それを生長させて乾燥させて……と、そこまでつき合わなくったって、ただ蒔いて芽出させて、のびていくのをボケーッと見ている、それだけでも何かしら特別なことをやっているような、そんないい気分になれるものなのですよ。

気が向いたらちょいとつまんでスープにパラリと浮かせてみたり、サラダに刻み込んだり、まあ無駄といえば無駄なことかもしれないけれど、たまにはそんな遊びをしたっていいじゃありませんか。

調味料の棚にズラリと香辛料を並べるのも、こけおどしの一つの手になっているのだから、それを作っているフリしたら、皆さん腰抜かして驚いてくださるよ。

香辛料の種は、ちょっと大きい種屋にいろいろおいてあります。でもわざわざ買わなくったって、棚においてある香辛料の中には、結構種状のものがあるはず、これを蒔いたって良いのです。発芽の保証はないけれど、割と芽が出てくるものです。買ってはみたものの使い方が少ないからいっこうに減らないなんてのがゴロゴロしてたら、ちょいといたずらをして、

「香辛料は、インテリアとして役に立ちます、そしておもちゃにもなりまーす」

と、まあいろいろやってみるのです。

最初から香辛料を種に使うつもりで買うのはいいけれど、種用のものは消毒してあるから香辛料にはなりません。そこんとこだけ気をつけてください。

種にも寿命があるから、全部が全部、芽が出るってわけじゃないけれど、でもコリアンダーに限っては、かなり古いものでも芽が出ます。

コリアンダーの葉は香菜《シャンツァイ》といって、シルクロードぞいの民族の間では、羊の料理に不可欠な薬味になっているとか。それを日本で手に入れようと思ったら、中華街で買うか、自分でコリアンダーの種を蒔いて栽培するか、この二つの方法しかありません。

「せっかく種を蒔くのに、見ているだけなんてつまらない。自分で野菜作って食べて、おいしいって実感がなきゃいやよ。でも、クワ持ったり虫取ったりするのはキライ！　第一ウチには庭なんかないもん」

と、怒ったかたにおすすめするのは「貝割れ大根」です。

これはどんな人にでも簡単に作れます。

私はさきほどから、「野菜作るのおもしろい」というようなことは言っているけれど、その先収穫があったの、たらふく食べたの、家計が助かったのなんてことは、一言も言っていないでしょ。実感としてあまりそういう経験がないのです。

「誰にだって作れるよ、お子さんにだってできるんだから……」

と、種屋に折り紙つけてもらった二十日大根ですら、ひとたび私の手にかかると、どういうわけか、葉っぱばかり大きくなって、期待に胸はずませて抜いてみれば、赤く丸くなっているはずのところが、赤いことは赤いけれど、丸くもなんともない、マッチの軸ほどの極小の大根ということになってしまっているのです。

しかし、「貝割れ大根」というのは、そういう己の無能ぶりを暴露する前に食べちゃうのです。だから自己嫌悪に陥る心配もありません。誰がやったって、ちゃんとできます。私が保証してあげます。

能力ある上手な人の保証は、話半分ぐらいにしといたほうがよいけれど、下手な人間の保証、これは信じて絶対間違いありません。

それにこれは家の中で作れますから、庭どころか、ベランダすらいりません。ついでのことながら、スコップもいりません。

作り方の前に「貝割れ大根」の説明をちょっとしておきましょう。といっても西のほうに住んでいらっしゃるかたには、なじみの深い野菜のはずですから、ほんの少しの間がまんをしていただきましょう。

手っ取り早く言ってしまえば、徒長させた時無し大根の芽です。一〇センチばかりのびた、透きとおるように白い細い茎の上に、小指の爪ほどの大きさの、ハート形をした鮮やかな緑の双葉が、チョンチョンとのっています。

出たばかりの芽というものは、たとえそれがふてぶてしい雑草のものであっても、優しく可憐です。かたい土の中から、か細い茎を持ち上げて、黒い土をあっちこっちにくっつけ、柔らかな緑の双葉をパッと開いたさまは、ハッとするほど新鮮で美しいのです。

すべて小さきものの中には、やがて成るべき姿のすべてが秘められていて、このカイワレとて、末は「ダイコン」。でもその変貌が信じられぬほど、清楚で優しい姿をしています。

「ダイコンアシ」って言われると腹が立つけれど、「カイワレダイコン」みたいだって言われて怒る女は、まずいませんでしょう。

またまた能古島の宣伝をしちゃうのだけれど、この「貝割れ」は能古島の特産物です。といっても、島でこれを栽培しているのは、タキローサンの家だけです。

もちろん環境の特殊性をさほど要求しない野菜だから、別に能古島じゃなくたっていいし、現に貝割れを作っている所は全国各地にあるはずです。

それをあえて能古の特産というのは、タキローサンの作る貝割れが、それは上等なものだからです。普通そこいらの店先でみかける貝割れの束は、白茎の三つ葉がよくそうなっているように、不揃いの小さめのものを中心にして、外側を茎の長いきれいなものでくるりとかこんであるのです。しかしタキローサンの貝割れは、白い長い茎が見事に同じ長さに揃っています。そして、それはでき上がったものから選び取って揃えたからではなく、畑に植わっているときから、全部ピターッと揃っているのです。別に形なんかどうでもと思うかもしれないけれど、貝割れの場合、おいしく食べるということと同時に、目で姿形を楽しむということがあるから、やはり美しく育っているのは、それだけ価値のあることなのです。

で、そのタキローサンの畑を見せてもらって、その上等の「貝割れ大根」を超小規模に家で作ることを思いたったのです。

種はどこにでも売っている「時無し大根」でよいのです。「貝割れ大根」というのを店で見かけることもあるけれど、全く同じもののはずです。だって貝割れのままじゃ種はできない。種を採るためには、どうしたって大根になる必要があるからです。

試しにやってみるのなら、小袋を一つ、食卓にちょいちょい登場させるつもりなら、思い切って専門家用の大袋を買うのがお得です。一デシリットル四、五百円です。これは他の野菜と違って、いくらも大きくしないで食べてしまいますから、かなりの量の種を必要とします。

ですから一粒の種を苗にして、五十個も採れちゃったなんて聞く、なすから比べれば、不経済この上ないけれど、そういうことを気にしだしたら、ごまなんてもったいなくて食べられなくなってしまうから、いいでしょ。

種を蒔く土は、タキローサンのところでは島の海岸の砂を使っています。それも塩分を含んだままをです。

上等にできるのはこの砂に一因があるのだそうですが、たった一握りの貝割れを作るのに、それほど難しく考える必要はありません。

砂、ピートモス、細かくした水ごけ、何でも良いから、手にはいりやすい、なるべくきれいなものを、ほんの少し用意してください。きれいな、と特に断ったのは、食べるときに気分がいいことと、水がくさりにくいことがあるからです。

工事現場の素性の知れぬ砂をかすめ取ってくるくらいなら、いっそ脱脂綿が良いかもしれません。

小学校のとき、豆や朝顔の種をのせて、芽が出てくるのを見たでしょ。あれですよ。多分うまくいくのではないかと思います。

畑になるのは丈の高めのコップです。光がはいらないほうがよく発芽しますから、まわりに紙をくるりとまいて、テープでとめます。ラベルのついたままのコーヒーの空ビンはそのまま使えて便利ですが、よく形を選ばないと、後で抜くのに苦労します。

コップの底に二センチくらい土を入れ、水をヒタヒタにして、その上に種をびっしり蒔きます。すき間がないくらい、種と種とが重なり合うくらいのつもりが良いのです。

上に土はかけません。

コップの上を濡らした布で覆って、めったにはないけれど、土が乾かぬようにときどき注意してやって、部屋の片隅にでも置いておきます。

一週間ぐらいたったころ、布を取ってみると、ひ弱な黄色い双葉をつけた芽が、ヒョロヒョロと、ビンの口のあたりまでのびてきています。そうなったらしめたもの、布もまわりの紙も取りはずして、一気に太陽光線にあてます。黄色い双葉がみるみるうちに、というのは少々大げさだけれど、鮮やかな緑に色づいてきます。

放っておくと双葉はどんどん大きくなるけれど、その名の通り、貝が口をパクッとあけたくらいに双葉が開き、緑に色づいているというようなときが、最高の食べごろです。ゴソッとまとめてひっこ抜いて、そのまま根を水の中でユラユラ振るようにして洗うと、種の表皮は簡単に取れます。

種と容器と土とが組合せになった、「貝割れセット」なんていうものも市販されていますが、写真で見た限りでは、容器が大きすぎるようです。

一族郎党の分と、ついでにご近所にもくばっちゃおうという、大々的なことがお好きなかたはともかくとして、普通の家庭で一回分を作るのにはコップで充分、苺のパックでも大きすぎるのです。大きい容器相手だと、つい種がもったいなくなって、パラパラに蒔く、すると徒長の足りぬ不揃いのものができます。

いっぺんにたくさん作って、端から順に食べていくという性質のものではありません。それではせっかくのおいしさを逃がしてしまいます。いさぎよく一度にひっこ抜いて、ワッと食べちゃうところにおもしろさがあります。

畑を耕して、肥料やって、間引いてということから考えれば、手間なんて無いに等しいのです。めんどくさがらずに、一回一回作りましょう。

毎日食べたいというのなら、コップをズラーッと並べて、毎日一つずつ順番に蒔いているうちには最初のが食べごろになる、そうやってローテーションを組むことも、まあお好きならおやりください。

季節によっても異なるけれど、大体一週間ぐらいで食べられるようになります。

肥料は全く必要ありません。一粒の種の中には、芽を出し子葉が育つくらいの栄養分は、充分はいっています。卵を温めればヒヨコになるのと同じこと、水さえやれば、種は双葉になるくらいのこと、自力でやってのけてくれます。

庭の草むらの中に、雨や露でぐちゃぐちゃに濡れた、小松菜の袋を見つけ、開けてみれば、中では種が全部芽を出していました。芽を出すだけなら、土すらいらぬようです。

のんびりと待ってさえいれば、芽は必ず出ます。その先育てていくこと、これは自然の力を信じていればというわけにはいかないよう。多大な忍耐と努力が要求されます。それができない人は、生命の神秘に心うたれているうちに、食べちゃいましょう。

お店にあまり出回っていない野菜を作って食べるのは、ちょいと得意で気分のよいものです。それでなくたって、双葉の色づく様を見ているだけでも、それは可愛らしく、楽しい気持ちになります。

家で一回分が簡単にできたからといって、タキローサンまで簡単に遊び半分でやっているようには思わないでください。大量に、常に一定した品質を保って、常時絶やさず出荷するというのは、それは大変なことなのです。

一度使った砂は、再度使用することはできません。ブロックでかこんだ栽培場の砂は、毎日新しいものと取り替えられます。そうやって気をつけていても、ビニールにかこまれ密生した中では病気が出て、ポッカリ穴のあいたように枯れます。まわりに広がることを防ぐためには、そのあたり一帯ごっそりまとめて抜き、捨てられます。

ビニールハウスの中は冬でもムッとする暑さ、夏は窓をあけ、陽よけをたらしても、私は一時間だってそこにとどまっていることができないのです。その中で、おばちゃんたちは貝割れを抜き、洗い、束ね、輪ゴムでとめています。これを見てしまったら、いただいた貝割れ、食べ残して冷蔵庫の中で黄色く枯らせてしまうようなこと、もう二度とすまいと思います。

タキローサンの貝割れ大根は、飛行便で東京へも出荷されています。だからデパートの野菜売場に出ているかもしれません。その貝割れのはいったうすべったい木箱にはられたラベルに、能古島のタキローサンの名前を見つけることがあったら、ビニールハウスの中に終日座りつづけ、黙々と貝割れを束ねているおばちゃんたちのことを思い浮かべて、一束のカイワレ、最後まで大事においしく食べてください。

汁の実にパラリと浮かせたり、さっと一瞬湯がいたものを吸いかげんより濃いめの味のだし汁にひたし、冷たく冷やしてパラリと切りごまをふりかけたり、つまみ菜と同じように調理しますが、ウチではこれを生のままバリバリ食べてしまいます。

根っこをちょっと切り落として、ちょっともったいないけれど、バラバラにほぐして皿に盛り、削りがつおをかけ、醬油をたらしたらサックリとひと混ぜ、思い切り大きな口をあけて、多少あっちこっちに醬油が飛び散っても気にしないで、パリパリッと食べてごらんなさい。口の中に広がるピリピリッとした辛みは確かに大根のそれに違いないのだけれど、あの泥臭さはなく、頭の芯がスーッとするさわやかさです。

貝割れ大根の栽培と同じ方法で、いろいろな種を蒔いてみるのも楽しいでしょう。春菊、小松菜、レタス、しそ、かぶ、片っぱしからコップに蒔いて試してみると、意外な珍味が見つかるかもしれません。

いずれも、畑に蒔いて育てれば花も実もなるものを、贅沢《ぜいたく》といえばこれほど贅沢なこともないけれど、幸い種は五十円ぐらいのもの、目と舌を楽しませてくれることを考えれば、それほど良心を痛めることもないでしょう。たとえ妙なものができちゃったって、それはそれで話の種になろうというものです。

そうやって少しずつ野菜と仲良くなっていくことが、家で野菜を作る楽しみの一つです。

あまりしゃっちょこばって、たとえば八百屋の店先と張り合おうなんて思わないことです。家で良く収穫できるときには、あちらさんはそれ以上、たたき売りの勢いで出回っています。経済的なことを考えるのなら、自分は何もせぬほうがお家は安泰です。

自給自足でまかなえる生活は素晴しいことだけれど、それなりの覚悟が必要です。二十日大根すら満足にできない身には、それはあまりに壮大な夢で、気持ちがくじけます。あまり大げさに考えずに、気軽に始めたいのです。

たとえ失敗しながらでも、たとえ不出来なものであっても、自然の恵みを自分の手でそっとすくい取れたときは、それはうれしいものです。そして季節のものを、時満ちたときに味わうおいしさと、そういう素直な暮らし方の楽しさを、少しずつ肌で覚えていくことができます。

自分で種を蒔いてみて初めて知りました。薬を使わずに見事な野菜を作ることは、それは大変なことです。そうやって作った野菜は、葉っぱ一枚とていとおしいものです。大根の葉を無造作に捨てるような粗雑な気持ちでは、野菜の安全性を云々《うんぬん》する資格はないかもしれませんね。無農薬の作物を欲しいのなら、その手をかけて作られた野菜を大切に使う心がまえが必要です。

手をかけた作物はやはり高価になってしまうのでしょうか。作る立場としたらそうあってほしいでしょうし、私たちは、金をたくさん出してしか安全を求められないのは困るのです。双方つらい思いをしないように、そう、行政というのはそういうところに手をさしのべてくださっているんでしたっけね。

自分の手でコツコツと作り上げていく暮らしは素晴しいけれど、不精者の私は、できるならばおいしさも安全も、簡単に家で手に入れられればなあ、と思うのです。家で野菜の作れる暮らしは素晴しくとも、誰もが自分の家で野菜を作らねば生きていけぬような、そんな世の中になっては困るのです。

「馬も食わないクレソンを」と軽蔑されても
私はおなかいっぱい食べたいな

労せずして何でもかんでも手に入れちまおうというのは、傲慢《ごうまん》で不精なことは百も承知なのだけれど、およそ無理とあきらめていたものが、道ばたでひょいと拾いあげるようにたやすく手にはいってしまうのは、少々うしろめたさを感じつつも、やっぱりうれしいことには違いありません。

伊豆の大島まで足を運ばずとも、「アシタバ」を、ゲタばきで行けるスーパーの店先で手に入れることができるようになりました。

人の五体をのみ使ってでは決して縮めることのできぬ時間と空間を、一瞬のうちにのり越えてしまう飛行機というものが、庶民の夕餉《ゆうげ》のおかずの一皿のために飛ぶこともあるという事実を目のあたりにして、正直、文明社会っていいなあと思いました。

「ヒコーキで持って来ました。ヒコーキでお届けします。ヒコーキで取り寄せております」

それは、

「カネなんかいくらかかったっていいんだよ。とにかくおいしいものが食べたい。ウチに来るのはそういうお客さんなんだからね」

という、特殊社会の贅沢《ぜいたく》であると思っていました。

だって、そういうものはどれもこれも大変高価だったからです。

手が出ないから、横目でチラリと見て、

「フン、あいつらあんな不精して、今にバチあたる」

でも、アシタバは目が飛び出るほどの思いをせずに買うことができました。

同じような手づるで、北海道から空を飛んで運ばれてきた「西洋高級野菜」のアスパラガスは、

「エーイ、もうまけとくよ！　二束三百円、ダメ？　じゃあ、二百五十円！　アー、こうもうかんないんじゃ、オレ、荷物まとめてクニに帰りたくなった」

と、八百屋のおにいちゃんが叩き売ることもある、お惣菜向けの野菜となりました。

もとはといえば、高級も低級もあろうはずのない人間の食べ物なのに、ただ高価であるが故に「高級」の二文字がついているのなら、ひきずりおろしてそのエセ衣、バリバリはがしちまう、これは痛快なことです。

普及することで高級たりえぬ高級品ならば、これはもうすべてなくしてしまうほうがよいのです。

アシタバがきて、アスパラガスがきて、そしてコゴミとかタラの芽なんていう珍しい山菜もやってきて、

「この分だと、あれがワンサカやってくる日も遠くはない」

と思って、首を長くしているのだけれど、アレはまだまだ高級ぶって気取っていらっしゃる。

「クレソン」です。

レストランのステーキの皿の横にヒョロヒョロッと二、三本のっているから、これを「サシミのつま」のごとくに思っている人も多く、加えて八百屋では、一段高きところにスミレの花束のようにうやうやしく置いてあるのです。

ヤーダネー、クレソンって、そんなにたいそうなものじゃないはずですよ。

別名をオランダ辛子《ガラシ》というそうだから、さかのぼれば西洋渡来かもしれないけれど、今や日本列島のアチラコチラ、そこが空気清涼、水清き所なら、ほっといてもじゃんじゃかはえている草なのです。

嘘だと思うのなら、『広辞苑』見てください。ちゃんと書いてあるんだから……と、かく言う私も、そのはえている所を実際に見るまでは、

「クレソンとは、高級西洋野菜なり」

と、思っていた一人に違いなかったのです。

私が初めて自生のクレソンを見たのは、信州の森上という所、もう十年余りも訪れていないから、今果たして同じ状態であるかどうかは知りません。

そのときは冬の真っ最中でした。

あたりいちめん、なにもかも雪で覆われた真っ白の世界。雪の下は畑かたんぼなのでしょう。平坦な雪野原が広がっている中を、ナイフでスーッと切ったような割れ目に、そこだけ雪が落ち込み、チロチロと小川が流れていました。

その流れの淵に、雪の中から緑色のものが見え隠れしているのです。白一色にあきあきしている目には、チラチラする緑がやけに懐かしく、思わずかけよったのです。

雪にとじこめられているにもかかわらず、水に濡れた濃い緑の丸っこい葉は、パリッと張り切っていて新鮮で、見ているうちになんとなく食欲をそそられてきます。

「ちょっとおいしそうな葉っぱねー。誰か勇気ある人食べてみないー」

「よせよー、妙なモン食うの。何だかわかんないじゃないか、もしかして、毒があったりしたら、どうすんだよ」

「ダメかね。でもね、これと良く似たのがあるじゃない。ホラ、クレソン。ね、クレソンそっくりだと思わない……？　ン？　もしかしてー」

半信半疑でむしり取って、端をかじってみれば、アア、それはまぎれもない、正真正銘の、クレソンだったのです。

雪をかき分けてみると、あるわあるわ、川の淵はすべてこれクレソンといっていいほど、びっしりはえていました。

「クレソンって、店で買うと高いんだよナー。ワーッ、もうかっちゃったー」

採らにゃ損々というような、かなりさもしい気持ちで、全員雪の上に這《は》いつくばるのです。

大騒ぎしている私たちに、通りかかった土地の人が、不思議そうに声をかけたのです。

「なにすんだね？　そんなもの採って」

「食べる、食べるのよ！」

「ナンダァ？」

「アレッ、そうか、これ植えてあったのか。ごめん、採っちゃいけなかったんだよね」

「フン、そんなヤクザな草、誰が植えるもんかね。馬も食わねーダ。抜いたって抜いたって、ドーンドン増えちまって、水の流れは悪くなるわ、もうどうにも始末におえねえだ」

馬も食わぬ草を食べようという私たちは、おじさんに軽蔑のまなざしで見られました。

「馬はにんじん食ってろ、俺たち人間はクレソン食うゾー」

と、大騒ぎして採ったのだけれど、それをいったいどうやって食べたのかは、全く覚えがないんですよねー。

たいして使いこなせもしないのに、目的そっちのけで、ただただ得するからって、ものを集めちゃうことってのは日本人の悪い癖ですよね。

だからこの自生のクレソンにも、そのころはまだそれほどの執着を持ってはいなかったのです。

クレソンの本当のおいしさを知ったのは、信州でではなく、遠く離れた海の向こうの国、ブラジルを旅したときのことでした。

慣れぬ国のレストランにはいって、メニューを見たところで、いったい何がおいしいのやら皆目わからず、一足先にブラジルに行っていて勝手を心得ている亭主にすべてをおまかせ。旅の空で野菜に飢えていたから、

「サラダ忘れないでよね」

とだけ言って、することないから、テーブルの上にいろいろ置いてある調味料のラベルの横文字を、タドタドしく読んだりして間をもたせるのです。

——お、り、お、オーリョ、何だ油か、でもどうしてこんなところに置いてあるのよ、この缶、どう見たって一キロははいるよね。調理場で使うものだよ、これは。きっと、さっきまでここでコックがおしゃべりかなんかしてて、それでもって忘れていっちゃったんだね。バッカネー。でもなんでナプキンなんか巻きつけてんだろ。ソーカ、こうしときゃ

手がすべらないよね。下にもたれないし、ブラジル人て意外と神経細かいね――。

なんて感心したりして、ふとまわりのテーブルを見まわすと、まあ、どのテーブルにもナプキンの腹巻きをした油の缶が置いてあるのです。どうなっちゃってるんだろー。

「何キョロキョロしてんだよ、ほら、サラダがきたよ」

と、言われてテーブルを見れば、ドーンと置かれたサラダボールの中は、ああ、これぞまぎれもなきグリーンサラダ。

クレソンが山と盛られているのです。

「どうしてこんなにたくさんクレソン頼んじゃったのよー」

「ヘッヘッヘー。オマエ知らないだろー。ブラジルでは、クレソンをこのようにして食べまする。ステーキのときにこれを食べることを覚えたら、あとはもう病みつきになるのです」

といいながら、腰巻き油缶をムンズとつかみ、タラーリタラーリとクレソンの上にかけまわすのです。塩をパラパラッとふり、ヴィネガーをひとふり、レモンをちょっと絞り、最後に胡椒をガリガリッとやって、さっくりひと混ぜ。

「ハイ、できました、食べてごらん、おいしいよ」

本当にこれはおいしいのです。いったいどこへはいってしまうのか、山のようなクレソンはあっという間に胃袋の中に消え、そして後から出てきた巨大なステーキが、これまたいともたやすく、スッキリとおなかにおさまってしまうのです。

クレソンと肉、これは、サンマと大根おろしのように、実に相性の良いものなのですね。

もしかしたら、肉に対しての消化促進作用でもあるのかもしれません。

だとすれば、レストランの肉の横のお義理のクレソンでは、とてもとても量が足りないのです。

「たまの牛の肉、そう早く消化されちゃもったいなかろう」

というご配慮があってのことかもしれないけれど、それならば、せめてパリリと瑞々《みずみず》しい状態で出してほしいもの、焼けた鉄板の上なんかにのせてあったら、もういけません。しなびたサラダほどまずいものはないのです。だから残すでしょ。そして八百屋じゃスミレの花束。こういう出合いをしていったら、あれをドンブリ一杯バリバリと食ってやろうという発想がわかないのがあたり前のことです。

でも、お義理の飾りじゃなくって、本気でクレソンをサラダにすれば、それはおいしいもので、友達の中にはレタスには箸をのばさぬけれど、クレソンというと目がギンギラしてくるおかたがいます。

鉄板の上で炒《いた》まったクレソンは失格と言ったけれど、それは炒まっちゃったからまずいのであって、最初からその気になって炒めたクレソンは、これまた大変おいしいものなのです。

ブラジルでは田舎にいることが多かったので、広大な土地のほんの一隅を掘り起こして、クレソンの種を蒔《ま》きました。この国ではごく一般的な野菜であったから、それで改良されてあったのか、水辺でなくても栽培できる種が手にはいりました。

素人の手でも結構たくさんの収穫があり、いつも生じゃ能がないからと、いたずら気を起こして、いつもこういうことにファイトを燃やす亭主が、油で炒めてみたのです。塩と胡椒で味をつけ、おろしぎわにチラッと醬油をたらして……おいしかったんですね、これが。

帰国してからもその味が忘れがたく、

「アレ、作ってみようか」

と、思いたつのだけれど、豪快に食べたその後、財布の中見ていじけることになりそうなのでやめました。

信州に馬にも食われずに水をせき止めているクレソンがあることはわかっているけれど、採りに行ったら、もっと高くついてしまうから、これもあきらめました。

そしたらある日、パラパラとめくっていた雑誌の中に、「クレソンの水栽培」なんてのが出ているじゃありませんか。

「食べ残した茎を捨てないで、水を入れたコップに差しておくと、節の所から白い根がのびてきます。それを水栽培の要領で植えつけてください。どんどんのびてきますから、はしから摘みとって、お料理にお使いください。丸々としたつややかな葉は、観葉植物としても、あなたの食卓を美しく飾ります」

すてきですねー。青々としたクレソンが繋っている姿が、目の前にフワァーッと浮かんできて、

「ヨーシ、ヤルゾー！」

茎のかたいところを捨てないで、コップに差したりしていると、大変始末のよいエラーイ奥さんになったようで、いい気分になれるのです。

予定通り、白い根がいっぱい出てきました。

「土の代わりに、人工骨材、または水ゴケを使います。深めのボールとそれに見合うザルを一セットとして用意します。ザルに湿らせた土を入れ、発根したクレソンを植えつけ、水を入れたボールの上に、ふちをひっかけてのせます。根がザル底から出るまでは水面を高くしておき、根がのびてきたら、水面とザルの間に二センチぐらいの空間をもうけます。一週間に一度くらい水を替えます」

問題はこの容器でした。

どこにでもありそうで、いざ探してみるとなかなかちょうど良いのが見つからないのです。食器の水切りカゴと思っても、あれは二センチもあけたら、水を入れるところなんか、全くなってしまいます。

水栽培用のプラスティックの鉢なんかがいいのかもしれないけれど、なにしろ私は炒めるほど大量の収穫を、という欲があるからもう少し大規模にいきたいのです。

あるものを利用せねばと、依然として始末のよい賢夫人の真似をつづけました。

目についたのが、庭にころがっていた細長いプランター。横幅七、八〇センチはあるから、これなら大量収穫計画にも申し分のない大きさです。

網目になった板が底においてあったけれど、それははずして、といってもこれに見合うような変形のザルなんてあるわけがないのです。

「ようするに、根が空気と水に同時にふれてりゃいいんでしょ」

と、思いついたのが発泡スチロールを利用することでした。

あれを大きくちぎってスカスカに入れて、その上にビニール網をのせて、砂を敷き詰めりゃ、ほら理屈としては同じことでしょ。水はプランターの横に水抜き栓がついているから、ときどきここから流して、新しい水を入れてやればいいのです。

「アタシッて頭イーイ！」

大発明に得意満面、すべての材料を順序よくプランターにおさめ、クレソンを植えつけ、そして最後に静々と水を入れたのです。

すべて予測通りでした。

「この茎に、緑の葉っぱがわさわさついて……」

と、ニタニタしてながめていたのです。

濡れた砂にクレソンの緑の茎は凜々《りり》しく、清々《すがすが》しく、美しく……。

「朝の食卓に、瑞々しく光るクレソンを出して、満ち足りた暮らしというものはこういうものではあるまいか……」

と、うっとりプランターをながめていたのです。

と、突然、砂の一角がボッコリ盛り上がって、でんぐり返って、ボコンとスチロールが出現したではありませんか。

「アア……」

と、見るまに、あっちでボコン、こっちでボコン、次から次へとスチロールがでんぐり返ってのお出ましです。

うろたえ、あわてふためき、手で押えても、その騒ぎはとめようにもとめられるものじゃありません。いっそ、プランターの上にベチャッと座り込んでしまおうかと思ったくらいです。

一瞬のうちに、自然の法則通り、重い砂は下に沈みました。軽いスチロールは浮きました。

そして天地ひっくり返るあの騒ぎもまた、夢であったのではないかと思われるほど、シーンと静かになったうすぎたない水の上に、ヒョロヒョロしたクレソンの茎が、ユラユラと漂っているのです。

プランターに青々と繁るはずの、クレソンの完成予定図が、頭の中からスーッと遠のいていきました。そして門のほうに目をやりながら、今しばしの間、訪問客のないことを祈るのでした。

だって、人が来たら、当然聞きますよね。

「何をなさっているんですか？」

って。

そうしたら、私何て答えていいかわからないもの……。

この事件をあとで友達に話したら、たいていの人は、話の途中で、

「でも発泡スチロールってのは、ものすごい浮力でしょ、だからそういう役にはたたないんじゃないの」

って、言うんです。

どうして、私気がつかなかったんでしょう。

みじめでした。クレソンを拾いあげて、再びやり直しです。

プランターの底板を数本のビンで持ち上げて、その上に水ゴケを敷き詰め砂を入れるという、苦肉の策を講じて、今度は先に水を入れてビンの落着きを確かめて、とにかくクレソンは植わりました。

今になってみれば、とても最良とは思えぬ方法だし、他にいくらでもやりようはあっただろうけれど、なにしろあのときはショックが大きく、とてもまともなものの考え方なんてできた状態ではなかったのです。

それでも私は、皆にいばりちらします。

「クレソンとは川に自生するものです。しからば川が、池でも水たまりでもなく、川であるための最低条件とは何か、それはチロチロと流れていることにある。だから一週間に一回であろうと水が流れる限り、私のプランターは川であると言っても決して間違いではない。そもそもー、植物とは、それが自生している環境に近い状態を与えてやればいいのである。ホラッ、これ川、私、川を一つもってる。優雅でしょうー」

その川に、一度はベチャーッと座り込もうとした、なんてことは決して言いません。

クレソンはスクスク育ちました。本来が野生のものだから、繁殖力も旺盛でした。

そしてガラス越しの陽では足りなかろうと、外に出したら、陽だまりの中で、グングンと面白いほどのびだしたのです。

「もうそろそろ食べられるんじゃないんですかーっ」

「そうですね。油炒めには足りませんけれど、サラダには充分ですね。久しぶりに、ステーキでもおごって、ひとつ豪勢にいきますか」

一度は遠のいた「期待されるクレソン像」は、またまた輝かしい姿で、現実となって近づいてきました。

そしてそれからほんの数日たったある日のこと、突如クレソンは恐ろしい変貌をとげたのです。

葉っぱが一枚残らずなくなりました。プランターに植わっているのは、虫のフンのこびりついた、数十本の茎です。

また、最初に戻りました。
二、三センチぐらいの真っ黒い幼虫が、茎という茎にびっしりついているのです。農薬、いいえ生で食べるのです。意地でもそんなものをかけるものですか。
水をいっぱいに満たし、虫を洗い落とし、おぼれてもがき苦しんでいるところを片はしからつまみ出しました。虫との戦いが始まったのです。

しかし、虫のほうは命がけで、私は遊び半分、だからこの戦いは常に虫に押されぎみです。その上、なめくじなんかも加勢にかけつけるもんだから、どうしたってこちらのほうが分が悪いのです。

豪勢にワァーッと食べるはずのステーキがいっこうに登場せず、それに関して私の口がピタッと閉じてしまったので、

「ネー、ステーキを食べるはずじゃなかったんだっけ」

と、家の者は責めたてます。

でも、私の描いた夕食の主役は、あくまでもクレソンであって、ステーキはこのさいつけ合せにすぎません。そのクレソンなくなった今、どうしてつけ合せだけを出せましょうか。意地でも、クレソン抜きのステーキは食わぬゾ！

「オマエラ、肉食べたかったら、クレソンの虫取れ！」

おいしいものを食べたいのなら、ひたいに汗して働かなくてはいけません。労多くして、騒ぎも多くして、実りの無い女房のクレソンに愛想つかして、亭主はクレソンのクの字も言わなくなりました。

でもあきらめたわけではなかったのです。あのかた、自生地のほうに望みを託していらして、そしてついに探しました。

軽井沢のほうから、大きなビニール袋をかついで帰って来たのです。ドサッと置かれた袋をのぞけば、あるわあるわ、クレソンがぎっしりはいっていました。

「オーッ、あったか」

「あるなんてもんじゃないね。ワサワサ、ウジャウジャ」

「どこに？」

「ホテルのゴルフ場の川の中、すごいぞー、クレソンの上を歩けるくらい、ビッシリとはえてるんだからー」

炒めて、ゆでて、生で、

「オマエ、体が緑色になっちまうよ」

と、言われても、クレソンだけでおなかがいっぱいになるくらい、毎日毎日食べつづけました。

東京の近くを探すのなら、奥日光にも自生地があります。いえ、「日本各地の清流中に自生状態になっている」そうだから、その気になって探せば、あちこちで見つかるでしょう。ただ皆、その気にならないだけです。

自生地をひざ元にかかえているホテルでさえ、クレソンはやはりつけ合せの扱いをうけていました。だから亭主はいたずらをしました。

あらかじめクレソンをたくさん採って用意しておいたそうです。そうしておもむろに食堂に行き、ステーキを注文し、

「アッ、それから、クレソンのサラダが食べたいから、別のお皿にたっぷりと持ってきてね」

しかし、出てきたのはつけ合せに毛のはえた程度の数本のクレソン、それでも律義に別の皿にはのっていたそうです。

「もうちょっとたくさんもらえない？　レタスのサラダみたいにいっぱい食べたいんだけど……」

「申し訳ありません。クレソンはそれ程たくさんの用意がございませんので……」

「手にはいらないの？」

「はい、前の日からのご注文ならともかく、今すぐというわけには……」

「ほんと？」

「本当でございます」

そこで亭主は部屋に飛んでいき、用意しておいたクレソンをかかえて戻ってきて、

「こんなにたくさん持っているんだけれど、これここの食堂に持ち込んで食べてもいいかなー」

「こんなに上等のクレソン、どこでお求めになりました？」

「すぐそこの川の中、雑草みたいにたくさん、あれ植えてあるんじゃないんですか、それとも、もしかして、このホテルはよそからクレソン買っているの？」

「………」

別にいやがらせのつもりではなくて、こうすれば、ホテルのレストランに堂々と持ち込んで食べられるのではなかろうかと思ってのことだったそうです。

まあ、私らにしてみれば、目の前に植わってるものを無視して、わざわざお金を出して別の所から買うなんてことはばかばかしい限りなのだけれど、でも大企業の経営するホテルにとって、クレソンのことなど、どうでもよいことに違いないのだと思って、別に何の期待もしてはいなかったのです。

だから軽井沢はクレソンを採る所ではあるけれど、食べられる所ではないと思っていたのです。

それがついに、ヤッタ、ヤッター。

さっきの話にでた軽井沢のホテルの食堂で、

「クレソンのサラダお願いします」

と、メニューにはなくても一言言ってみてごらんなさい。

ちゃんと持ってきてくれるんですねー。

高原のホテルのこういう心意気って、うれしいものですね。

あえてホテルの名を出さないのは、それを見つけ出す楽しみを皆様からうばいたくないからです。

野山に生えているものを山菜というのなら、クレソンもまた山菜の一つです。炒めたり、サラダにしたり、おひたしにしたっておいしいのだけれど、今どきそんなことやってた日にゃ、千円札がふっとんじゃう。

アシタバやアスパラガスを飛行機で運ぶことをおもいついたのは、どこの誰だか知らないけれど、ついでにクレソンもお願いできませんかー。

と、こうやってギャーギャー騒ぎたててりゃ、そのうち八百屋の店先に、つまみ菜みたいに「一山五十円」なんて、並ぶ日もくるのではないかと思っているのです。何しろ川におっこちているんですからね。

私のクレソンその後どうなったかというと、あることはあります。

いつもの例にたがわず、かなりひどい扱いをうけて。それでも秋風が吹き、空気清涼になるころには、「グリーンサラダ」は無理だけれど、レタスの力をお借りして、「ツートンカラーサラダ」ぐらいにはなるのです。

冬は戸外に冷たく放っておかれ、水さえも自然蒸発してしまい、亭主から、

「オマエ、まただめにしちまったね」

とあきれられても、夢よもう一度と、ドバーッと水をやれば、またまた芽を吹き出し、瑞々しい葉をのばしてくるのです。

そして、また虫です。

まあいつまでつづくかわからないけれど、もうこうなったらトコトンつき合ってやるつもりです。

料理しながら片づけるなんて！
私だめ、できないわ

「油が飛び散るから、家で揚げ物しないの」

なんて言う人がいるって話を聞くけれど、もし本当なら、なんともまあ情けないことですね。

それが座敷の真ん中でのことならいざ知らず、料理をするために用意した、台所という場所で、そんなご託ならべているのだとしたら、やっぱりそれはどこか間違っている暮らし方だと思います。

美しさを維持せんがために、行為の一つ一つが束縛されるのは、外だけでたくさん、自分の家の中ではもっと手足を自由にのばして生き生きとして暮らしたいものです。

台所というのは物を作る場所です。作業場なのだから汚れるのは、これはもうあたり前のことなのです。その台所という作業場で、おいしい料理を作ろうと思うのだったら、汚れる、散らかるということへの恐怖心を、まず第一に捨ててしまいましょう。

レンガ積むには、まず瓦礫《がれき》の山を片づけねばならないけれど、それだけやっていたら、いつまでたっても物はでき上がりません。

「料理ができ上がると同時に、あたりがすっきり片づいているっていうのが、本当の料理上手というらしいけれど……」

そりゃ、そうできるにこしたことはないけれど、一度でいいからそんな上等なことやってみたいと思うけれど、私ダメ。

物を作ることと、物を片づけることとは、全く相反する作業で、それらを同時進行させようなんていうのは、これはかなりの高等技術です。頭こんがらかって体がよじれてきちゃう。右手で鍋をかき混ぜながら、左手でガスコンロのまわりをふくというのは、やってやれぬこともないけれど、そういうことをやり出すとその曲芸をうまくやっておりますという軽業師的満足だけで充分になって、正直、料理のことなんかどうでもよくなってしまうのです。その証拠にそんなときの料理は何かこうもうひとつって感じだし、第一全然生き生きしていないのですね。

手順を手際よくこなしていくことに快感を感じはじめたら、どうしたって料理のほうもそれに合わせていただきたくなるでしょ。段取り料理はおいしくありません。パッパッパッと炒《いた》めて、ホイッと皿にのせて、それですぐ食らいつきゃいいものを、ちょいと料理には待っていただいておいて、鍋洗ったりってことしたりする。ネコ舌にはいいかもしれないけれど、それでも、冷めかかった料理を皿から取りわけるのと、熱々の料理を自分の皿に取って冷ますのとは、やっぱり気分が違うのです。

「鍋の中を見ている間に皿の一つでも洗え」

っていうけれど、ボケーッと見てたっていいじゃない、面白いんだから。

「片づけ」という、この美的行為を悪者扱いにするつもりは毛頭ないけれど、ひとたび本気になっておいしいもの作ろうと思ったときには、一時どこかへ預けておいて、作ることに専念いたしましょう。

作りたいと思う気持ちがあって、それに全力投球すれば、おいしい料理は必ずできるはずです。

料理するより片づけるほうが大好きという人もいるけれど、それはどちらかというとすこーし創造性に欠けたるおかたではないか……、と言って怒らせてはいけない。だってこういう人を友達に持っていると、家に人をよんで騒いだりするときに、大変助かるからです。

くやしいけれど、亭主、友達を含めて、私のまわりにいる男たちの作る料理はおいしいのです。粋がって板前のふりしてるけれど、そりゃ毎日やりつけているこちらの目から見れば、手際は悪いですよ。でも料理をしているときの男たちは、新しいオモチャを手にした幼児のように、そのことだけに熱中しています。ただひたすら、馬鹿みたいに、「ウマイモン」作ろうと必死になってます。

「そんなこと言ったってねえ、そばに手伝いはついているし、材料に糸目つけないし、おまけに作ったあとなんかひどいじゃない」

ほらまたそんなこと言う。

はっきりさせましょうよ。今この時、いったい何をやりたいのか、片づけたいのか、おいしいもの作りたいのか。

昨日、今日、明日とえんえんと続いていく日々の暮らしが、口で言うほどそうは単純に割り切れぬものだということは、私だって重々承知しています。相反する二つの方向のまっただ中でゴチョゴチョやらにゃならないから、苦しみもあり、また楽しさもあるのです。でもね、たまにはいろいろ細かいこと気にしないで、一つの方向はっきり決めて徹底してやってみましょうよ。一週間に一度でも、それがだめなら一か月に一度だっていい。家族全員アシスタントとして横にはべらせ、ただひたすらおいしいものを作ることに没頭してごらんなさい。鍋がいくつ汚れようと、皿が汚れようと、そんなことおかまいなしに夢中になって料理して、

「オイシーイ!」

ね、生きていく楽しさってこういうことじゃありませんか。

……と、こう励ましの声をかけるのだけれど、

「それならば、一丁やったるか」

と、ふるい立った気持ちに、水がぶっかけられるという情けないことが起こるからいやになります。

友達が張り切って、

「レンジが汚れたっていいわよ、今までずーっとがまんしてたことやっちゃう」

って、煙ボウボウ出して魚を焼いたのですがね、同じマンションに住むご近所の皆さんから文句言われちゃったのだそうです。

マンションというのは、いつの日にかここを出て別の所へ移るつもりの仮の住まいではないでしょ。そこで魚焼くなということは、金輪際、焼き魚を食べてはいけないということでしょうか。イヤデスネー。

食べたいものが自由に食べられないような所は人間の住まいとして失格です。その自由をせばめるのが、狭いとか設備が不充分だとかいう物理的なことからでなく、人の気持が原因していることが情けないのです。

物理的な不自由さは、創意工夫という前向きの暮らし方を生んで、人を生き生きとさせてくれるけれど、嫌悪という感情をもってこられたら、

「ごめんなさい」

と、しっぽまいて引き下がるほか、しょうがありません。

狭い空間の中に人がひしめき合って生きていくのだから、互いを傷つけないような配慮は必要です。尊重しなけりゃいけないプライバシーだけれど、それを武器にされるとコワイネー。

いけませんか、魚焼く匂い。クサヤじゃなくて、ただの塩した魚。たとえクサヤだって、

「オッ、お隣りは今日はクサヤか、久しぶりにウチでも食べてみようか」

ってな具合にはいかないもんでしょうかね。

建築家の先生がた、人形ではなく人間のための家を考えてくださいませ。そしてそこに暮らす人間は、年がら年中ドレスアップしてパンとサラダ食べているわけではなく、パンツいっちょでウロウロ歩きまわって魚焼いたり、泥のついたねぎ持ち込んだりすることがあるのだということを忘れないでいただきたいのです。そういう人間臭い行為が異質なものに見えぬ、そんな住まいが私は好きです。

台所という場所をより快適に、より美しくと、そういう努力は良いことです。そして、キッチンに関する諸々のことが、ファッションというジャンルで取り上げられたりする傾向は、たとえそれがデパートの販売作戦だとしても、雑誌のグラビアだけのことだとしても、それだけ世の人が台所に関心を示すようになったというあらわれだから大いに結構なことです。でもゆめゆめ忘れてならぬのは、台所はものを作る場所であるということ。

「キッチンの小物たち」をながめまわして、ニタニタ喜ぶ場所ではございません。

そして、そこで行なわれる料理というものは、人の気持ちを沸き立たせてくれるような愉快な生き生きとしたことでありたいのです。パックを切ったり、箱をあけたりの、子供のプラモデル作りのような作業に明け暮れているようでは、もはやそこは厨房ではありません。

日常の中にいとも自然にとけ込んでいればこそ、何の不思議も感じないのだけれど、この料理という作業、ちょいと身を離して見つめれば、なんともまあ魔性のようなものなのです。

火と水の、この二つの恐ろしき力を制しつつ、自在にあやつり、手元に引き寄せ集めた動物やら植物をはぎ取り、切り刻み、つぶし、色とりどりの液体やら粉末やらをふりかけ、練り混ぜ、押し込み、その調合具合でできますものは千差万別、人を魅了するも困惑させるも匙かげん一つ、もしその気があれば、生死も己の掌中にあり、とくれば、これはもうワクワクするような魅力的な作業です。

言うなれば台所は「魔女工房」であり、それならば、土間の上のすすけたカマドのチロチロ燃える火にポッと顔を照らされ、ドッシリと重い鉄鍋を、長い木べらでジワーッとかき混ぜて、ひとりでニタリほくそえんだりしているのが、雰囲気としてはもう最高よ、と言いたいところだけれど、私ら二十世紀の魔女は、風邪もひくし、さびしがりやです。あったかくって、家族の皆様のお顔が見える所のほうがいいのです。

刃物腰にして、たいまつかざし、バケツひっさげて座敷に飛び込み、ダイニングキッチンなる居心地のよい場所を開拓した、この勇気ある先駆者に、私はいつも心より感謝申し上げております。

「煙が家中にたちこめる、油がはねて汚れる、そんな騒々しいことがやりたいのなら、もう一度土間へ戻れ」

って言ったたって、この快適な位置を、今さら誰が放棄するものか。

切ったはったの仕事は、今や堂々と人目にさらせる行為としての市民権を得たのだからこれは守らなくちゃいけません。それも魔女の末裔《まつえい》としての威厳と誇りを持って堂々と。紅つけたりフリル飾りつけたりして媚《こ》びずとも、本来の目的である料理という秘術を駆使さえすればできることなのです。

そして、おいしいもの作ってみんなで喜んで、ホイホイと調子にのせりゃ、

「後片づけは、俺たちやるよ」

ってな、具合にいかないかなあー。

それでもまだ、ウジウジと細かい汚点に目を走らせるような、繊細な神経を持つうるさい人たちとお暮らしならば、いっそのこと道具だてでビックリさせておやりなさい。専門家が使っているようなしっかりしたいい道具を、ドンドンドーンと並べて、目をうばって

しまうのです。

何度も申し上げるけれど、台所は汚れてあたり前なのです。作業場だからです。だから そこにある道具は、使えば使うほど美しさを増してくれるものでなくてはこまるのです。極端な言い方をすれば、汚れをも呑み込んで貫禄という美しさに変えていくような道具であってほしいのです。

本当にいい道具というのは、使い込む程に美しくなってくるはずです。出会った初めはなんとなく白々しくても、つき合いを深めるに従って、もう手離せなくなってきます。そんな道具を簡単に手に入れようと思うのなら、プロの使っている道具のあたりに手をのばすのが、一番の近道です。

そういうしっかりした鍋やフライパンがデデーンと置いてありゃ、

「オオ、オヌシヤルナ」

ってなもんで、口うるさいやからは、圧倒されて黙ってしまうのです。

黒く底光りのする鉄鍋、厚手のアルミ鍋の鈍い銀色、その中にピカッと銅鍋が光っていたりしたら最高です。そういうところに、赤いトマト、緑の小松菜、黄色いかぼちゃ、青光りする鯖《さば》、紫紺のなすがおでましとあらば、そのどれもが生き生きと美しく見えるに違いないのです。

だから、カラフルはこういう出入りの激しいものたちにおまかせし、それを入れる基本的な道具は、あくまでも出しゃばらず、かつ威厳のあるものでいきたいですね。間違ってもピンクのすり鉢など買わぬことです。

キッチンをカラフルに楽しくするはやりに逆らうようだけれど、台所の基本的な道具に顔料を塗ったくったような色は必要ありません。あれはいつしかあきることがあるのですよ。

鍋釜の類とのつき合いってのは、思っているよりずっと長いものです。ばあ様の使った鍋を孫が握ることだってあります。

スカーフを選ぶファッション感覚を、台所にも生かしたい気持ちはよくわかるけれど、そういう視点に立ったときの人の好みは、割とくるくる変わるもので、かといってあきたから捨てる、しまい込める、というものじゃないでしょ。そのつど、青だの赤だの花模様だのと走りまわっていたら、いつしか手のつけられぬクレヨンみたいな台所になっちゃいます。

と、わかっちゃいるけれど、そうは問屋がおろさぬよというのが現実で、うちにもそんなのがあるある。安さに血迷って買った白いホーローのおでん鍋の横に、ピンクと青と黄色のパステルカラーのお花がついていて、使うたんびに、おでんとお花模様のあまりの不つりあいに恥ずかしがって、やだなあ、と思ったって、これ捨てられますか？　駄目でしょ。

洗面所、兼炊事場、兼洗濯場という廊下の片隅の、後ふりむくも命がけという台所から、ようよう脱出成功して、ダブルシンクの流し台を置ける身分にはなったけれど、だからといって、過去に私が関係を結んだものたちと、たとえそれが若気のいたりのあやまちだったとしても、

「おまえは私の美的尺度に合わぬからね、ハイさようなら」

と、そんなすげないことが、どうして言えましょうか。

柄のがたついた鍋だって、焼きすぎて底のユラユラしているフライパンだって、よくもまあここまで私の荒い使用に耐えてついてきてくれたものです。

コーヒーカップが皿をなくしてヤモメになっちまったのだって、揃《そろ》いのグラスが一品ものになったのだって、そういう境遇に追いやったのは私。それを思うと、とても「燃えないゴミ用バケツ」に追いやるような、むごい仕打ちはできないのです。

人様には想像もつかぬであろう、あの鍋とこのふたの組合せ。そして、それがこのくらいの角度でおくとピタッと合うんだなんて、ここまで気心の通じた深い親しい仲を反故《ほご》にするのは、さびしくってさびしくって、とても私にはできません。

ね、どうしたってゴチャゴチャしちゃう、台所とはそんな所です。いっしょに今までやってきた仲間は、くされ縁であろうともこれまでの功績を認めてやって大事にして、それでも新参者に対しては、厳しい目での選択を忘れなければ、花模様の鍋とてそのうちには、

ワンポイントとなって可愛らしくなるかもしれませんよ。

永年の試行錯誤によって養われたこちらの選択眼に耐えるものを探すには、やはり専門家の使う道具を売っている店が一番だろうと、足を運びます。それにたとえ選択眼がなかろうと、こういう店は、品質においてはもうすべて保証されているという安心感があるから楽です。

ズラリ並んだプロの道具を目の前にすると、もうわくわく、どきどき、興奮してあれもこれもとやたら手をのばしたくなってきます。しかしグッとこらえて冷静になって、まず第一に自分の家の日常の料理の量をしかと頭に入れて、それから品を選ばぬと、またとんでもないことになってしまいます。

男ってのは、こういうちゃんとした道具を揃えておくと、割と喜んで台所に立つものなのです。それならばいっそ道具揃えのところからやらせりゃもっと喜んで、台所に立つ回数も増えるのではないかと、亭主に選択をまかせました。そしたら、何を血迷ったか、米軍払い下げの炊事道具を買ってきたのです。

持つたびにギックリ腰を心配するまな板は、まあいろいろと役には立っているけれど、弁慶の七つ道具にでもしたほうが良さそうな、大きな玉ジャクシの類は困りますね。あちらさんは毛ムクジャラのいかつい兵隊さん相手の炊事、それで味噌汁をすくうと、ドンブリからだってあふれそうになるのです。

それともこれは、我が家の台所が、戦場のような修羅場と化しているという皮肉なのかなー。

しかし、こういう女の体力の限界を越えた調理用具も、しまい込まずに目のつく所にブランブラン下げておきます。それを無用の長物にしたくないがために、亭主が台所に立つという、変わった役目を果たしてくれたりするからなのです。

道具というのは不思議なもので、ときにはこちらを励ましてくれたりすることもあります。

物を作るにゃまず意欲、道具はその次のこと、

「弘法さまは筆を選ばなかったではないか、良寛さまは一つの鉢で顔を洗い、汁も作ったというではないか」

まあいろいろとあるけれど、一年三百六十五日、そのつど台所に足を運んでいりゃ、ときには丸薬を皿に並べてすませてしまいたい日だってあるのです。そう毎回毎日、

「ヤルゾーッ」

と、張り切れるわけじゃありません。

そんなとき、じっと見つめていると、何かしら料理が作りたくなってくるような鍋に、励まされ、気をふるい起こさせてもらうのです。

いい道具というのは、そんな不思議な力も持っているものなのです。ときにはそんな演

出をして、自らを励ましてやらねばね。

「でも高いねー。道具に凝ったところでしょうがないよ、やめとくか」

と、遠慮しないでいただきたい。

たかだか小っちゃな白いボール一つ、穴に入れるために、耳かきのオバケをひとかかえもそろえている連中がいっぱいいるじゃありませんか。こちとら命とつながっている「料理」をやろうというのです。上等な鍋をジュズつなぎにして持っていて威張っていましょう。鍋の一つ二つ揃えることに誰もとがめだてなんかしないものです。

ガッシリと手ごたえのあるしっかりした鍋相手に、威勢よく料理してりゃ、重箱のスミつつき出すような気持ちは、いずこへか飛び去り、その鍋から漂うおいしそうな匂いは人をひきよせます。あたたかい雰囲気につられてノコノコやってきた家族が、鍋のフタに手をのばし、中をのぞき込んだらもうしめたもの、

「プロの使う鍋ってのはいいけどね、重いのよね。男の人だったらこんなもの、片手でホイッてなもんでしょうね」

とか何とか言って、ヨイショッと持ち上げるフライパンに、

「どれちょいとかしてごらん」

と、手がのびてくる日も遠くはないはず。

ギャーギャーわめきたてずとも、楽しく愉快に、

「私、食べる人」

になれるというものです。

こういう日を夢見るのだったら、まず第一に、台所は物を飾りたてながめまわす場所ではなく、料理を作る場所なのだということを、あなた自身を含めた家族全員が知っておくことが、大変大変大事なことなのです。

「真説青菜炒《いた》め」挑戦！
夫婦そろってのてんやわんや

私の生家では日常に粥《かゆ》を食べる習慣というのが、全くありませんでした。だから遊びにやって来た母に、ご馳走のつもりで粥を作って出すと、

「オヤ、だれかおなかでもこわしているのかい？」

別に病人がいなくたって、うちではよくお粥を食べます。

ポッテリとした白粥、その白粥の中にザク切りのにらを散らし、とき卵を流し込んだ緑と黄の目も鮮やかなにら粥、米と同量の良質のごま油、その中に十五倍ほどの水を加え、コトコト煮込んだスープのような心平粥等々。そしてお菜は梅干ではなくて中国料理、これがお粥の相性としては大変よろしいのです。で、ここから先はお粥ではなくて中国料理のお話です。

檀亭がお粥の相手としてとくにおすすめするのは「青菜の油炒《いた》め」です。読んで字のと

おり、青々した葉っぱを油で炒めるだけの、まあ料理という程の大層なものではないけれど、味つけに「腐乳《フールー》」という中国渡来の豆腐の塩辛を使うことが、オヤと思わせる味に仕上げる秘訣です。が、この方法を見つけるまでにはいろいろとありまして、あげくの果てに、私、亭主に頭が上がらないということになったんだけれど、まずは最初に作り方を説明しておきましょう。

青菜は、せり、根三つ葉、春菊、クレソン、ほうれん草、とにかく青々とした菜っぱのものなら何でもよく、手近なところでは、小松菜なんかをよく使います。

根っこを切り落とし洗った葉は、ザルにあげてよーく水気をきっておきます。長いままのほうができ上がりとしては豪快だけれど、喉《のど》にひっかけて目を白黒させることもあるから、二つ三つに切っておくほうが良いでしょう。

中華鍋は思い切り熱く焼いて、ごま油をたらし、そこに押しつぶしたにんにくを一片放り込みます。次に腐乳を一個、これがなんてったって重要なことだから、

「なくたっていいんでしょ！」

なんて不精言わないでちゃんと入れて、それを崩すような気持ちでジャッジャッと炒めます。

その中に、用意しておいた青菜をバサーッと入れ、底からひっくり返すように大まかに手早く炒めるのです。火はできる限りの強火、菜っぱを入れたとき、耳をつんざくような

恐ろしい音がしたら申し分ありません。しんなりしかかったら、醬油をタラーッとひとたらし、少量の豆板醬《トーバンジャン》（唐辛子味噌）を加え、味をからめるようにひと混ぜし、火を止め、皿に移して、ハイ食べる。でき上がってしまってから、

「ゴハンヨーッ」

「ハーイ、イマイキマース」

では、味は半減いたします。

中国料理の中でも大変ポピュラーな料理らしいのだけれど、店のメニューの中にもあまり見かけないし、料理の本にも出ていませんでした。そんな料理を何故《なぜ》ご存じかというと、見ちゃったんですよ。調理場の隅っこで、コックさんが食べているのをね。

日ごろおいしいものを作っている人の昼飯なんていうのは興味津々、客の切れ間にドンブリ飯をかき込んでいるところを、チラリチラリとのぞき込んだのです。ねぎを散らした簡単なスープがあって、その横のお皿の上に、なんともおいしそうなツヤツヤした緑の菜っぱがのっているのです。

「アレがいーい。アレが食べたーい」

名前がわからないからアレアレと図々しく指さしてねだってみたけれど、だめでした。

「店の者が食べる分しか材料の用意がないんでねー」

と、言うのだけれど、どう見たって菜っぱだけ、材料揃《そろ》えてどうのこうのというほどの

仰々しいものじゃないんです。

「うまいから客に出し惜しみしてるんだ。自分たちだけで、こっそりと裏で食べちゃったりして、ズルイネー」

食べさせてもらえぬとなると、なおさら欲しくなるのが人の常。

「そんなら自分で作りますよ」

と、頑張ってはみるのだけれど、なにしろ見たというだけの料理、

「大体こんな感じだったかなあー」

と、小松菜を炒めておろしぎわに醬油をたらしてみたのです。味の真偽は全くわからないけれど、それでもまあまあうまいじゃないかと喜んでいたのです。

しかし、この調理法は、亭主が台湾で本場モンを食べたことによって、大々的（？）に変わることになりました。

旅から帰るやいなや、

「オレ、食ったぞ、食ったぞ、例のヤツ。作ってるとこ見なかったけれど、ワーカッチャッタ。アレ、腐乳使ってるんだよ。間違いない！　ヨシッ、本場仕込み作ってやるよ。小松菜あるか？」

と、始まったのが、最初に書きましたあの調理法。

「ウン、コレコレ、この味、セーカイでした。台湾で食ったのと全く同じ」

たかだか腐乳の一片、入れるか入れぬかで、こうも味が違ってくるものなのか。

「だとすれば、今まで食べてたもの、アリャ何だ」

ということになるのです。

エンツァイとかいう中国野菜を使うのが本式だと聞けば、

「アー、それであの店、断ったのね。その菜っぱがなかったというわけだったのか、ナーットク」

何でも本格がお好きなかたは、日本でも栽培している所があるから探してください。でも菜っぱの種類にそれほどこだわる必要はありません。手近な菜っぱを手当り次第に使ってみて、それぞれに味が楽しめるのがこの料理の良いところです。

といって、この亭主考案の調理法を、はなっから信用してたわけじゃありません。だって腐乳を見てくださいよ、アレ、とっても炒めるって発想の湧《わ》くような代物ではありません。それに、亭主はコレダコレダとひとり喜んでいるけれど、本場モンを口にしていない私には、何とも判断のしようがありません。

「アイツの舌なんぞアテになるものか」

「真説青菜炒め」を我が掌におさめんとて、あるときこっそり中国料理屋の主人に聞いてみました。

「ああ、アレ簡単でおいしい料理ね、中国の人お粥といっしょに食べるね。にんにくと腐乳を最初に炒めて……」

違っていたのは、菜っぱを放り込む前に醬油を入れるというだけでした。でもやってみると、野菜ってのは熱を加えるとやたらしんなりとして量が少なくなるから、あとで醬油を入れるほうがどちらかというと味つけに失敗がないのです。

亭主、これを聞いて喜びましてね。

「オマエは何だかんだと言うけれど、オレのやることを真似してりゃ、間違いないんだから、わかったろ」

と、得意満面、威張ること、威張ること。

「そりゃ、本物食べりゃわかっちゃうに決まってらー。アタシだって香港《ホンコン》にでも行ってきたら、料理の十や二十、あっという間に……」

と、わめいてみたけれど、腐乳がはいっていること、私わかったかなー。多分だめだったと思います。私そういうことにひどくうといから。くやしいけれど、この一件で、私は亭主に頭が上がらなくなったんです。

ご飯を食べ始めてから思いたって作ったって、充分間に合うほど、簡単で手早い料理です。

「腐乳さえ買っときゃいいのね、今度お客が来たときやったろー」

って、友達連中は喜んで覚えていって、そしてしばらくするとその報告と問合せ、

「できた、できた。おいしかったよ。パッパッパッて派手にやって出したらみんな喜んじゃってね。ほかにもいろいろご存じなんでしょうねーなんて言われちゃったりして、あたし、スゴーク料理知っている人みたいに思われちゃったの。でもね、ホント言うと、あんたのところで食べたようにシャキッとしてなかったのよ、色ももうひとつだったしね、なんか手抜いて教えたんでしょ。意地悪しないで、もう一度ちゃんと教えて」

たかだか菜っぱ炒めるだけの料理に、意地悪してかくせるほどの秘伝なんかありませんよ。彼女の作ったものが、私の家で食べたものと、どことなく違ってできたのだとしたら、その原因はたった一つ、鍋の下の火力が違うからなのです。あちら家庭用、こちら業務用、それだけです。

ラーメン屋のカウンターの向こう側をのぞくとわかるのだけれど、商売人の使っているコンロっていうのは、火の出る輪の所が二重三重になっていて、その真ん中の一番小さい炎口ですら、どうかすると家庭用のものより大きい、ときているんです。これを全開にしてやるから、あの水気の多いもやしとキャベツと白菜がかくも美味なる、

「野菜炒め一丁！」

てな具合にいくわけだけど、これを家でやると、シャワシャワシャワシャワの「野菜煮」に変貌して、

「女ってのは、どうしてこう、いさぎよい料理がへたくそなんだろうね」

と、亭主から蔑《さげす》みの目で見られるのです。

そんなこと言ったって、ガスコンロってのはつまみいっぱいに開いたらそれでおしまいですよ。にらみつけたり、励ましたりしたからって強くなってくれるものじゃない。

「店とうちの差は、料理人の腕にあるのではなーい。火力の違いに他ならないのである！」

と、気がついたときのくやしさったらありゃしません。だって、あるときは洗面所、あるときは洗濯場、日夜変化しつづける多羅尾伴内《たらおばんない》のような台所の、そのどこへ業務用の大きなコンロが置けるというのか。洗濯機の上に焼けこげのあるのは、これを調理台として使っているからなのだけれど、まさかこの上に置くというわけにはいかないではありませんか。ラーメン屋のオヤジをにらみつけて、

「今に見ていろ、アタシだって……」

それでまあ、ついにその日がきたのだけれど、これがまた素人の悲しさ、単純に器具だけを変えればいいと思ったんです。

業務用の器具メーカーに直接電話して器種を問い合わせると、

「鍋は何センチをお使いになりますか？」

なんて問いが返ってきたりして、まるでこれから店でも開くみたいで、いっぱしの料理人になったような気分でニタニタしているまではよかったのです。

ところが、いざ設置する段になったら、

「奥サーン、ガス管が合いませんよー」

家庭の台所に入っているのが一〇ミリ管で、業務用に必要なのは一三ミリ管だってこと、どうして誰も教えてくれなかったの。せっかくスッキリ洒落《しゃれ》てまとめようとした台所なのに、また工事やり直し、へんなところに穴あけなくてはならなくなったのです。

すったもんだのあげく、ようやく収まった業務用、といってもその中の一番小さいのだけれど、やっぱり楽だわ。ああじゃこうじゃといろいろ手順がややこしくて面倒くさい料理のときは、まあ大した違いはないけれど、単純明快な料理に発揮する威力というのは、やはりスゴイものです。そりゃ火が鍋の中にはいりそうになったり、油はねが派手だったり、いろいろ恐ろしいこともあるけれど、ジャッジャッジャッと勢いよく炒めていると気分のいいこと！

男っていうのはこういう道具があるとすぐ手を出したがって、材料全部そろえて炒めようとすると、

「面白いからオレにやらせろ、やらせてくれよ」

鉄の玉じゃくしで鍋の縁かなんかカンカンとたたいたりしてカッコつけて、それでこの間なんかは調子にのって、片手で鍋をホイッとあやつって、

「女はこういうことデキネーダローナー。ザマーミロ、アラヨッ」

って、鍋の中身全部、向こう側へ放り投げていましたよ。

そりゃ、そんなみっともないこと、女はしない。

炒め物の良いところは、大した大準備もなしに、短時間で勝負がパッパッと決まっちゃうってことで、ここんとこが無計画な私には何ともありがたく、加えてこういう暴力的な火があると、ショー的要素も加わってくるから、小うるさい味覚をお持ちのかたも、ドサクサにまき込まれて、つい勢いにのって夢中で食べて、

「おいしい？」

「うん、おいしい」

それでも塩、胡椒、化学調味料パッパでできる味つけには限度があるから、炒め物の本家本元、中国料理のお知恵をお借りすることになるのです。

豆板醬《トーバンジャン》、腐乳、蠣油《ハオユ》（カキ油）なんて名前を次々あげていくと、

「そんなヤヤコシイものめんどくさい、再見《ツァイチエン》」

とか言って、逃げちゃうおかたがいらっしゃるけれど、別にこれを作りなさいとは言っていない。買ってきてくださいと言っているだけです。まあ、何でも手近なもので間に合わせるっていう工夫の精神は悪いことじゃないけれど、中国料理の調味料、香辛料のたぐいは、何でも食ってやるぞ、という意欲的食いしん坊の民族が、長い歴史の中から作り出したという、執念のこもったクセのあるものだから、たとえタラリのひとたらしのことであっても、入れると入れぬでは、大変な違いが生じるわけです。全く異なった二種の料理

になることさえあります。ということは、裏を返せば、調味料をふやしただけでも、料理のレパートリーがグンと広がるってことで、これを放っておくという手はないのです。

カキ油なんかはその最たるもので、この味を他で代用しようというのは、まずできない相談です。ブロッコリのかたゆでと牛肉を炒め、最後のカキ油のひとたらしが、

「ワーッ、この味どうやって作ったのー。教えてー」

となること、うけ合います。

「塩も醬油も使わない。これだけよ」

と、カキ油のビンを見せて、手のうちばらすかばらさぬか、まあ黙っていりゃ、このインスタントの仕上げは絶対に人様にさとられぬのが、またなんともうれしいところです。

カキ油は、肉ならば牛肉、野菜ならばブロッコリ、グリーンアスパラガス、ピーマンといったものの持ち味をよく引き出し、それぞれ単品でも混ぜこぜでもおいしいものです。

牛肉、ピーマン、たけのこ、椎茸それぞれを細切りにして炒め合わせて調味したものは、確かちゃんとした名前があったはず。でも忘れました。塩、醬油で味をつけ、最後にカキ油、となるのらしいけれど、慣れるまではカキ油だけでやって調味料のもつ塩かげんの度合いを覚えてしまったほうがいいようです。

「搾菜《ザーサイ》」はそのまま切って、あるいは切ったものをごま油であえたりして、漬物として食べておいしいものですが、これは調味料としてかなり使えるものです。

豚肉、たけのこ、椎茸、ピーマン、セロリ——ほらさっきのカキ油のときと豚肉とセロリが変わっただけですよ——を細切りにし、にんにくといっしょに油で炒めて搾菜の細切りを最後に加えます。この場合も漬物の味に頼って、塩は補い程度に入れます。

スープストックがあれば、細切りをパラパラと散らすだけでもさっぱりしたスープ、一丁でき上がり。ストックがなければ、干しエビひと握りを水にもどして、その汁ごとコトコト煮てその中に生ワカメと搾菜を入れてひと煮たち、ちょいと味見して塩なり醬油なり加えてください。もっと豪華にしたいなら、水溶きの片栗粉を少し入れて、とき卵をながしてごらんなさい。白髪ねぎなんぞちょっと上に盛りつけると洒落てますよ。

ピリピリ辛いのがお好きなら洗わずそのまま、嫌いならよく洗ってから使ってください。

亭主はこの「搾菜」と「豆板醬」と「芝麻醬《チマージャン》」を大量に使って「タンタン麺」とかいうカラーイソバを作ります。目下のところ、檀亭のスペシャル料理になっているけれど、ごめんなさい、私この作り方知らないのです。亭主の出る幕をとっておいてあげているのだ、といえば聞こえはいいけれど、

「たまには箸握りしめて、今か今かと待つ気分も味わってみたいよ」

というのが本音です。馬鹿正直に覚えると、次からは、

「おまえやっといてよ」

ということになる。

そしてまた、何でも私がやってさし上げますと、かけたつもりの愛情が、知らぬ間に亭主を料理に関して無能な人間に育てあげているということになるかもしれぬ、と、そこまで深く考えているのです——豚のひき肉、にんにく、長ねぎ、搾菜、全部細かく切ってごま油で炒めてスープを入れて、ごまと唐辛子の味つけをした中華ソバ、本当は知ってるんだ、でも知らない——。

五香粉《ウーシャンフェン》は焼き豚の香りづけによく使われていてご存じだろうけれど、鶏の手羽先を、にんにくやねぎを入れた水で骨と身が離れない程度に水煮して、これを炒めたものに味つけするときにちょいと加えてみてください。ごま油を入れて熱した油ににんにくを放り込むのはいつもと同じ、その中にゆでた手羽先を入れて、鍋に皮がこびりつかないように気をつけながら、かるくこげ目がつくくらいに炒めます。手羽先を箸でごちょごちょつっつきまわすより、鍋のほうをゆすったほうがうまくいきます。この中に醬油、酒それぞれ半々にして五香粉をほんの少し加えたものをジャーッと入れて味つけし、煮汁が全体にからまったらでき上がり。香りをつけすぎると鼻がムズムズして食べられなくなるから、ひかえ目にしてください。あたたかいときはもちろん、冷めてからでも充分おいしいものです。大皿にこの手羽先とピータン、クラゲの酢の物、予算が許せばアワビの缶詰をスライスして盛り合わせ、ところどころきゅうりの薄切りでもおけば、これはもうどこへ出しても恥ずかしくない中国料理の前菜になります。

これらややこしい名前の調味料やら材料をどこで手に入れるかというと、当節デパートという所へ行けば何だって揃ってしまいますが、もし足がのばせる所に「中華街」なんていうのがあるならば、やっぱりそこに行くのが一番です。種類の豊富なのはもちろんのことだけれど、何てったって魅力の第一は「安い」ということです。ケチ人間の私は、それだけでのぼせ上がって、調子にのってあれもこれもと買いあさり、

「そんなにたくさんどうするの？」

いいえ、大丈夫。彼の国の大人《タイジン》のお考えになった知恵の結晶は、半年や一年の保存にはびくともしないものばかりです。缶入りはビンに移しかえ、できれば冷蔵庫に、もしうっすらかびがはえてもそこだけをすくい取って捨てればいいと、お店の人は言っていました。

お店の中には見慣れぬ摩訶不思議な乾物や缶詰がゴロゴロしているから、恥じらわず臆せず、食べ方を聞いてみるのです。あちらさんは商売、しかも素人もちゃんと対象にしてくれているから、それはていねいに教えてくれます。

「杏仁豆腐なんてミルク寒天にアーモンドの香りがついていればいいんでしょ」

と、まあどちらさまも、私も、アーモンドエッセンスですませているのだけれど、

「杏仁粉（アーモンドパウダー）は水で糊状に溶かしてから入れてごらん。商売人もこのごろやらないとこ多いけどね、これやっぱり舌ざわりが違うねー」

と、教えられて、張り切って、イッヒッヒッ、プロに差をつけちゃった。

椎茸やメンマもここでは嘘のように安いのです。塩漬のメンマは何回も水をかえて塩抜きし、もちろんラーメンの具に使うけれど、メンマと同じくらいの大きさに切った豚の三枚肉といっしょにごま油で炒めて、醬油と酒、好きだったらみりんも入れて味つけしてみてください。炊きたてのご飯にどさっとのせて食べるとおいしいですよー。

あれじゃこれじゃとひっかきまわしていると「ソ連（ロシア）産黒すぐりのジャム大びん三百八十円！」なんて掘り出し物にも出合うのです。これを半ダースくらい買って、友達に無料配布。また、「スイス製小びん千円」なんてのは食べつけている人にあげたりすると、いろいろな意味でとっても楽しいですよ。

あっちの店をひやかし、こっちの店をのぞいているうちには、頭は知恵でいっぱい、両手は荷物でいっぱいになり、さればおなかもいっぱいにせねばバランスがとれないからと、行きついたお目当ての料理店は、これまたいつでもお客がいっぱいなのです。その店の閉められた扉をにらみつけながら行列をつくって順番を待つなんていう、人間の欲むき出しの恰好が、恥ずかし気もなく堂々とできちゃう、それもこの街の魅力の一つです。

常備の調味料をきらしても、あわてて近くのデパートに行ったりしないのは、値段の安さと、買物ついでの食べる楽しみがあるから。いえ本当はどっちがついでかわからないのですがね。それでもまあ、少々道のりが遠いから、家庭の主婦としては、どうしても行かねばならぬ用事があったほうが出かけやすいと、大義名分たてんがために、せっせと調味料を使いまくります。

「ああ、そろそろビンの底が見えてきた。買いにいかなくっちゃね。ついでに食事もして、帰りにはあの店のぶらんとさがっている腸詰でも買ってこようか……」

と、あれこれおいしい計画を立てているところへ、亭主何やら大きな紙袋を下げてのご帰館。

「今日ちょっと横浜に行く用事があってね。帰りにみんなで南京街に行ってメシ食ってきた。たしかカキ油なくなってたんだよな、オレ、ついでに買ってきてやったよ」

ごろごろ、がさがさ、出てくるわ、出てくるわ、メンマに干しエビ、豆板醬、塩クラゲ、レーシの缶詰、愛情細やかに、子供のおやつのためのエビセンベイまで……。

「アリガトウゴザイマス！　これで私、わざわざ、遠い街まで買物に行かずにすみました。見わたしたところ、一年ぐらいは大丈夫のようですね」

この家の男ってのは、どうしてこんなに買物をするのが好きなんでしょう。買い出し好きでよく気がつく亭主と連れ添ったがために、かくして女房には、

「出不精で買物嫌いの、気のきかない女」

という風評がたつようになるのです。

道具にふりまわされることなく使いこなす　これ簡単なようで難しいんです

その一　圧力鍋のこと

「若いもんは、何でもかんでも油で炒《いた》めちゃうから、やだね、乱暴だね」ってて、お年を召したかたは眉をひそめるけれど、炒め物ってのは何てったたって手早く、あっという間にできちゃうから、せっかちにはもってこいの料理法なのです。

そして、材料さえ手元にあれば、食べている途中に突如思いたって料理をするという私のような無計画な人間であっても取り組めるから助かります。

それが、たとえば「豆を煮る」なんてことになったら、準備は前の晩から始めなきゃなりません。はい、ただ豆を水の中に放り込んでおくだけのことで、つきっきりのお守りをする必要はないのだということは知っております。

明日のための下準備は、今日のうちにしとかなくてはいけません。たかだか豆を水につけるだけのことをおっくうがってはいけません。もう少し手も心もまめに動かして、日々の暮らし先手先手に運ばなくてはいけません。

と、わかっちゃいるけどね、こういうきちんとした暮らしってのがなかなかできないのです。

心行き届かぬのは棚にあげ、欲だけは一人前。ふっくら煮たお豆食べたい、シチューも食べたい、そしてそういうことを考えつくのが、晩ご飯の仕度のために体を動かしてからというのだから、いやになります。

「アア、今からでも間に合う魔法のお鍋でもないかしらん」

と、これがうれしいことにあったんですねー。

「圧力鍋」です。

ぶ厚いアルミでできていて、ふたのところに蒸気のもれぬような細工がしてあります。これを使うと、干し豆をいきなり煮ても、短時間で何とか恰好をつけられます。手間暇かけてコトコト煮込む料理を、油炒めの感覚でやれぬかという不精者にはもってこいの鍋なのです。

そりゃ、まともな手順をふんで、ふっくら炊き上げた「オマメサン」にかなうはずはありません。そうでなければ、キチンと真面目に作っているかたに申し訳ないじゃありませんか。でも、ビニール袋からドサッと鉢に移しかえるよりは、ずっとまともなやり方だと思うのです。

お粥《かゆ》も雪平鍋でコトコト炊くのがおいしいし、第一雰囲気がすてきです。でも冷やご飯を水でふやかしてグチャグチャ煮て「お粥」と喜んでいる程度の低い身には、圧力鍋であっという間に作ってしまった「強引粥」でも、ほっぺたがおちそうにおいしくいただけます。

「ご飯足りるかな、炊き足したほうがいいかなー」

と、さんざん迷ったあげく炊かなかった、ご飯ぎりぎりの夕食に、急に人が見えたって、急いで米洗って鍋を火にかけ、

「少《すこ》ーしゆっくり食べてね、すぐお粥が炊き上がるから」

と、一声かけておけば、二杯目のおかわりのときにはなんとか間に合って、そしてたいていの場合、お粥のほうが売れて、ふかしご飯は残るのです。

ハヤシライスとか、ミートソースとか、ある程度時間をかけて煮込むことによりはじめてでき上がる渾然一体となった味を、これまた短時間で作ってしまおうというときにも、大変重宝します。

うちのミートソースは、信じられぬほど野菜がたくさんはいっているのだけれど、これを誰もベジタブルソースと思わぬのは、この鍋のおかげです。

玉ねぎ、ピーマン、にんじん、にんにく、セロリ、玉ねぎ以外はどれが欠けても気にしないで、また、その辺に中途半端に残っている野菜で、もしそれが極端に違和感のあるものでなかったら残物処理も兼ねて、そのすべてをみじんに切って、ひき肉といっしょにこげつくくらいにしつこく炒めます。

この中に、トマトジュース、ウスターソース、赤ぶどう酒、月桂樹の葉、スープキューブを思いつくままに入れてふたをして煮る、これだけです。

水は入れません。野菜が煮くずれてドロッとなるはずだから、つなぎの粉も入れません。鍋のおもりが、シュッシュッと動き出してから十五分ぐらいで火を止め、蒸気の静まるのを待ってフタをあければ、オオ、まるで朝から煮てたみたい。

水気が多すぎるようだったら、フタをはずして、もうちょっと煮つめればいいのです。酸味が強すぎるようだったら、キャラメルソースを少量入れるとよいのだけれど、砂糖パラパラでもかまわないでしょう。

あんまり簡単すぎて申し訳ないから、ひとつ亭主のために、あさりのスパゲッティでも用意しておこうかと、こういう余裕もでてくるんですね。

「それじゃビーフシチューなんかもあっという間ね」

と、お思いだろうけれど、どえらくかたい肉を柔らかくして食べようというつもりがないのなら、ビーフシチューは手間暇かけてコトコト煮てみたいのです。

牛の肉ってのはとにかく値が張るものです。その出費を決心したときには、もう手間をかける覚悟も充分できているものです。こういうときの手間というのは、逆に楽しみの一つです。だからその楽しみをセッカチ鍋にうばわれるのはくやしいことです。

ぶどう酒と野菜の中につけ込んだ肉をのぞき込んで、

「あ、明日はシチューだね」

家族の者たちに、明日の夢を与えてあげなくてはいけないし、当日は一日中家の中にあったかいいい匂いをただよわせて幸せにし、夕食への期待を高める演出もしなくてはなりません。

ときどき鍋をのぞき込んで味見をする楽しみも、皆にわかち与えなければ、とまあ、料理には食べるまでに至る楽しみもいろいろあるのですから、資本をかけた以上、元を取らなくっちゃ。

圧力鍋にその楽しみをすべてうばわれ、おまけに煮くずれたりして、

「肉の味はするけれど、姿は見えぬ。お肉よいずこー」

じゃ、ビーフシチューの場合、とってもくやしくって泣けてきます。

だから豆をコトコト煮るのが大好きなかたは、何も圧力鍋なんか使うことはないのです。強引なやり方はどうしたって粗雑な部分が出てきてしまいます。

でもあっちもこっちもていねいにやれぬから、どこかで一線をピッと引いて、ここから

先は便利道具を使うとか、使わぬとか、そのあたりで毅然《きぜん》とした態度を取ることを心がけぬと、道具にふりまわされてしまいます。

とまあ、わけ知りのふりをするけれど、妙な突張りを捨てたほうがいっそ楽かなと、思うこともあるにはありますね。

細かく気をくばらずに煮るのなら、この鍋の場合たいてい形がくずれてしまうのだけれど、湯せんという方法を取れば、形をくずすことなく、しかも芯まで柔らかくすることができます。

小魚の場合、これは大変重宝する煮方です。

別の器に調味料と魚を入れ、それを器ごと圧力鍋で湯せんするのです。骨はちょうど缶詰の魚のようになり、頭からムシャムシャと丸ごと食べられます。

骨がうまく取れぬからと、子供に切り身しか与えぬのも愛情の一つでしょうが、そればかりでは、魚を食べているという実感がなく、おいしさとも半分くらいのおつき合い。いろいろな形での味との出合いを多くしてやって、まず好きになってもらうこと、そうすりゃ食べたさ一心で、箸さばきの技術のほうも後からなんとか追いついてくるはずですよ。

いちいち骨を取ってやる細やかな心づかいができぬから、鍋でワァッと柔らかくして、あとは知らん顔、自分でお食べ。

でも、私の友達の一人に、いい年して魚の骨がまるでとれぬ女がいて、その恋人はこれ

また魚の身をむしってやるのが大好きという男、

「ほれ、口あけて、アーン、おいしいか?」

なんていいながら愛情確かめあって、それでアイツラうまくいってんだから、まあ人間いろんな生き方あらあな、そこまで口をはさむおせっかいはいたしません。

ブラジルでは豆を常食としているため、この圧力鍋はどこの家の台所にもあるごく一般的な調理器具になっています。道を歩いていると、あっちこっちの家の台所から、肉をたたく音と、シュッシュッシュッシュッという鍋の蒸気の音が聞こえてきて、昼ご飯のときが近づいたのを知るのです。

かたい部分の肉も食べねばならぬという必然性からも、この国での圧力鍋の利用度は大変高いのだけれど、魚もこの鍋で煮ることが多いのは、やっぱり身をむしるのがへただから、といっては少々意地悪かな。

その中から鰯《いわし》を使った「サルジンニャ・モーダ・デ・ラッタ」をご紹介しましょう。名前を聞くと、何事かとびっくりするでしょ。いえそんなたいそうな料理じゃないのです。缶詰のオイルサーディン、あれに少々味がついたものと思ってくだされば良い。だからうちではこれ、オイルサーディンで通っています。

冷蔵庫に入れておけば、かなり長持ちするから、魚屋に鰯の安いのが、といっても最近はいつだって安いけれど、出まわったときに、一キロ、二キロと大量に買って作りおきするのです。

できるだけ小さめの鰯を買ってきて、頭を取りわたを出して、さっと水洗いします。鰯というとすぐ手で処理するけれど、この場合は包丁を使って、まず頭を切り落し、腹のところも斜めに切り落し、わたを出し、全体をきちんとした形にしておいたほうが、気持ちの良いでき上がりになります。

身が柔らかいから出刃包丁を使う必要がなく、まあ少々生臭いのには閉口するけれど、これで魚に慣れてしまうと、他の魚をさばくのも平気になってくるものです。

きれいに掃除した鰯を、これは湯せんではなく、鍋の底に直接行儀よく並べます。

魚一キロを買ったのなら、塩は茶匙軽く一杯、サラダ油カップ一杯、酢カップ半杯弱、トマトジュースとウスターソースをほんの少しずつ、月桂樹の葉と粒胡椒少々、魚がひたひたにつかっているかちょっとかぶるくらいに調味料を入れたらふたをして、蒸発点から十五分か二十分ぐらい煮ます。

火を止めたら、一晩はそのままにしておき、次の日にびんなどに移し、煮汁は一度ざっとこしてから、魚の上にたっぷりかけておきます。

もちろん時間をかければ、普通の鍋でもできます。その場合には、なるべくふたのぴったりしまる鍋を選び、それでもコトコト煮ているうちには水分が飛んでしまって、うっかりすると油で揚げているようなことになり、カリンカリンになっちゃうから、最初に水を少し加えておくとか、いろいろ工夫と注意が必要です。

ウチではオリーブ油を使ったりしているから、かなりくせのある味ではないかと思うのだけれど、意外と子供が好みます。

「うちの子、魚きらいなのよ、鰯なんて絶対だめ」

って親の注釈がついた坊やだったけれど、

「おばちゃん、さっきのオタカナ、もっとちょうだい」

と、さいそくしてくれたもんね。

中国料理の「東坡肉《トンポーロー》」も、この鍋を使うと失敗がありません。

この料理をおいしく作るこつは、ただひたすら蒸すことにあるようです。しかし、この蒸すまでにいたる下ごしらえに、簡単な料理ならいくつかでき上がっちゃうくらいの手間がかかります。ようようこぎつけたあげく、二、三時間蒸すのじゃ、

「ワァーッ、とってもそんなにつき合っていられない。第一、これもう火が充分に通っているんだもの、二、三十分の誤植でしょ」

とか、こちらの都合のよいように解釈して、それで、シパシパボソボソ、焼き豚の煮っころがしみたいなのができ上がるのです。

脂身はとろけるように、しかも余分な油はぬけてしまっているからしつこくなく、肉は一度汁の中に出してしまった味を再び含み込み、いたわるような箸さばきにだけようやっ

と形を保っていられる、これでなくっちゃ、東坡肉のおいしさはないし、せっかく手間をかけた下ごしらえがもったいないのです。

だから蒸す、ただただ蒸す、二時間も三時間も。でも、私は三、四十分。不精鍋を使っていますからね。

豚の三枚肉は、大きなかたまりのまま求めます。一度ざっとゆでこぼし、あらためて鍋に新しい水を入れ、にんにく、しょうが、ねぎの青いところを適当に加え、箸がスッと楽に通るまで、コトコトゆでます。

もしスープストックを火にかけてあるのだったら、その中にポチャンと放り込んで、知らん顔しているのが一番楽なやり方です。チチはそうしてました。

ゆで上がった肉はボールに取り出し、酒と醬油をパラパラふりかけて、下味をつけて冷やします。二日がかりでやるのなら、ゆで汁ごと冷蔵庫に入れ、翌日、スープの上にふたのように固まった脂を、カパーッと取りのぞき、肉を出し、下味をつけますが、これは大変ていねいなやり方です。

下味をつけた肉は、まわりにおいしそうなこげ目をつけます。少し多めの油を熱し、一面、一面、ころがしながら焼き目をつけますが、もし古い揚げ油があるときは、それを利用して、ザンブと放り込み、一瞬のうちに全体にこげ目をつけるようにして揚げてしまいます。

このほうが扱いは楽ですが、新しい油でやらぬよう、せっかくの油を台無しにしてしまいます。

焼き目をつけた肉は扱いやすくなるまでに冷まし、肉の繊維に直角になるように一センチの厚さに切ります。切ったあとも原形はとどめているように、ていねいにやります。どうしようもないブキッチョは、またまた冷蔵庫の中に入れて冷たくして切りやすくするのです。

切った肉はバラバラにしないで、かたまりのときのままの形で、脂身のほうを下にして、ボールにぎっちり入れます。

この上から、醬油と酒を少しずつ、砂糖もパラリ、味噌を点々、腐乳《フールー》を一片、にんにく、しょうがの押しつぶしたもの、ねぎの青いとこ、八角を一片、さっきつけた下味の残りも入れて、あれば豆鼓《トウシ》（浜納豆や大徳寺納豆も同じ）も少し入れます。

「分量は？」

と聞かれると、大変困ります。いつも適当。大体、これだけいろいろ入れれば、よっぽど妙なことをしない限りおいしくなるものです。

お店の東坡肉だって、一軒一軒みな違う味です。家のがまた違う味だって一向にかまわないことなのです。要はおいしけりゃいい、おいしくなかったら――、またやってみることですね。そのうちにはいやでもうまくできるようになります。毎回違う味、これもまた家庭ならではの楽しいことではありませんか。

最後にスープかゆで汁を、豚の八分目ぐらいになるまで加えます。そしてこれは徹底的に、しつこく蒸すのです。

蒸し上がったら、煮汁はそっと器をかたむけて別の小鍋にうつします。豚のはいった器の上から盛りつけ用の皿をかぶせ、ハッとひっくり返すと豚の脂身のほうが上になって、皿の上にきれいに並びます。

つけ合せには、ほうれん草をスープで炒め煮したものを添えます。そしてその上から、さきほど取りわけておいた煮汁に片栗粉でとろみをつけたものを、タラーッとかけるのです。

料理の本を読んでいると、下ごしらえの説明に駆使する言葉の分量の多さから、気の入れ方も手のかけ方もそちらのほうに比重をかけてしまう、これが間違いのはじまり、蒸すというたった二文字のほうが、この場合重いことなのです。本を片手に料理するとき、錯覚しがちなところです。

同じく蒸すということを短縮すると気軽に作れるのは、肉ちまきです。

もち米は一晩水につけてざるに上げ、水をきっておきます。

大きめのボールに、豚の三枚肉の薄切りと鶏のモツを、それぞれ一口大に切ったものを入れ、すりおろしのにんにく、しょうが、酒、醬油を入れ、しばらくつけ込み、その中にもち米と、ぎんなん（缶詰でもよい）、栗（甘栗でもよい）、水にもどした干し椎茸の一口大切り、香りづけに五香粉《ウーシャンフェン》を加え、混ぜ合わせたら、指をつっこんでちょいとひとなめしてみてください。

味がもの足りぬようなら、塩、醬油を加えますが、どちらかというとうす味にしておきます。サフランや、くちなしの実を入れると色がきれいになりますけれど、別になくたってかまやしません。

最後にごま油をタラッと入れ、もう一度、今度は具が均等にいきわたるように混ぜ合わせます。

これを竹の皮でしっかり包み、長時間蒸し上げるのです。

竹の皮は値のはることを覚悟なら、お弁当の包装用に雑貨屋で売ってるものを使っても良いけれど、肉屋さんに頼んでゆずってもらうほうが大きめのものが手にはいります。

竹の皮はお湯にひたして柔らかくしてから包みます。中身がこぼれ落ちなければ、どんな包み方でもかまいませんし、まわりをくくるのも竹の皮を細くさいたものを使えばかっこはいいけれど、たこ糸でしばるほうがやりやすいかもしれません。

そして、もち米が互いにベッタリくっついてしまうまで、蒸しに蒸します。途中で一つ取り出し、ちょいとかじってまだのようなら、また蒸します。圧力鍋でも三十分はかかります。

蒸しすぎということはまずありません。冷めてしまったらまた蒸し直して温かくして食べます。酢醤油にごま油とにんにくをすりおろしたものを加え、ちまきをつけながら食べます。だから下味をつけるときにそれほど神経質になることはないのです。

その二　ミキサーのこと

圧力鍋が不精鍋なら、ミキサーという電動調理器具は、不精すり鉢、あるいは不精裏ごし器でしょうか。

ジュースを作ったり、木の実をくだいたり、使う気になれば結構用途がひろいのに、戸棚の奥にしまい込んでいるお宅もあるとか。ほこりを払って、ひとつ上等のポタージュスープを作りませんか。

このスープを作るために、わざわざミキサーを買ったって惜しくないとさえ、私は思っています。

味噌汁ひとつ満足につくれるかどうかあやしい友達が、

「これなら、私にも作れまーす」

と、ファイトを燃やし、そのできばえに自ら感激し、この一皿のスープだけで「料理上手」の地位を築き上げたという、大変お得な料理です。

一人あて長ねぎ一本、じゃがいも小さめ一個を用意し、小さく切ってバターでこげつかせぬよう、ねぎがしんなりするまで炒めます。

この中に水をジャーッと入れ、スープキューブ（これは一人一個では多すぎます、少なめに）を入れ、じゃがいもがくずれるくらいになるまで、コトコトと煮ます。

これをゆで汁ごと、ミキサーでガーッ。ねぎが完全にとけて、ビロードのようになめらかになるまでまわします。

鍋に戻し、塩かげんをみて、生クリームを少し入れたらそれで終わり。もちろん食べるときには熱くします。

でも逆に冷たーく冷やして、器のまわりに氷でも飾れば、ヴィシソワーズ、フランス料理ですぞ。リークを使うとか先生がたはいろいろおっしゃるけれど、長ねぎで充分、運よく下仁田ねぎでも手にはいれば、もう万々歳なのです。

そしてこれは野菜ポタージュの基本となります。

これをベースにして、グリンピースを加えたり、にんじんやかぼちゃにしたり、あるいはかぶの葉やほうれん草を入れたりして、思いつくままにいろいろと変化させることができます。

そのまま食べるには少々しんどい、ブロッコリやカリフラワーの太い茎も、捨ててはバチがあたりそうだから、いっしょに煮てミキサーでこなごなにしてまぎれ込ませてしまえば、味にいっそうまろみが加わるのです。

その三　オーブンのこと

以上いろいろ申しのべたなかには、どれひとつとして圧力鍋がなけりゃ、ミキサーがなけりゃできないという料理はなかったはず。時間惜しみ手間惜しみが、まともなことやってたらとても手なんか出したくない料理と、何とか気軽にやって仲良くおつき合いしてみたいものだという、方便にすぎないのです。

しかし、これがなければ、どうしてもできない料理を、いっぱいかかえ込んでいる調理用具もあるのです。

オーブンです。

これはものを熱気で包み込むという加熱方法が、他とは根本的に異なっているのです。まあそれに類似した鍋はいろいろあるらしいけれど、あくまでも似たような出来にはなるけれど、同じという具合にはいかないはずです。

別になくたって料理はいろいろ作れるのだから、日常に不自由を感じることはありません。でもあればやっぱりいろいろ手のうちを増やすことができるのだから便利です。

オーブントースターは、少量の場合オーブンの代用になります。しかし電子レンジはオーブンの代用になりません。これはまたまた別の加熱方法なのだから、温め直したり、解凍したりと、別のところで生かすことのできる道具です。だから、オーブンにしようか電子レンジにしようかなんていう迷いは、その家の用途を紙に書き出してみれば、すぐ答えは出るのです。

それでオーブンを買う気になったかたは、上のせ式でも、ガスでも電気でも、熱気で包み込む方法には変わりないのだから、どれを選んでもいいけれど、もし私のように不精者でしかも好奇心の強いおかただったら、サーモスタットつき、タイマーつき、扉はガラスでできていて中が見えるようになっているのをおすすめします。

上のコンロはくっついていないほうが良いでしょう。使う頻度も、耐久年数も違うものがいっしょにくっついていると、あとあとやっかいなことが起こる可能性があるからです。簡便式も、アクセサリーがいっぱいついたものも、料理の出来には全く変わりはありません。

しかし、オーブンを使ったことのあるかたは身の覚えがおありだろうけれど、中の温度を測り、それを維持していくってのは、けっこう大変なことなのです。温めた手を入れて五つ数えるとか、冷たい手だったら十数えるとか、本には温度の測り方がいろいろと書いてはあるけれど、この方法はひとたび己の感覚に疑いをもち始めると、さあ大変、今の自分の手は温かいのか冷たいのか、それすら、わからなくなって、オーブンの前に座り込み、手を出したり入れたりの苦悶が始まるのです。

「多分このくらいでいいよ」

と、少々不安ではあるけれど入れて、それだけですむものならいいけれど、次にはやたら中がのぞきたくなります。

「ちょっとだけよね。ちょっとだけならいいでしょ」

と、「夕鶴」の与ひょうさながら恐る恐る扉をあけてのぞき込めば、たとえばそれがシュークリームならば、

「ああ、あれほど見てはいけないといったのに、あなたは……」

よよと泣きくずれ、しぼんでしまいます。

だから決してあけないぞと、己に厳しく誓うのだけれど、今度はこげつきはしまいかと気になって、オーブンの前をゴキブリよろしくウロウロウロウロ、離れられないのです。

料理の本には、何度で何分という指定があって、その何十度のあたりの違いで、けっこうお菓子の種類なんかが異なってきているし、すごい本になると、何十何度、と下一桁の化学実験的な指定があるのです。多分これは、華氏を摂氏に直した翻訳者が、その苦労を世に知らせたくってそのまま書いているんじゃないかと思うのですが、これを手で測るなんて神業に近いことですよ。

もっとも、こういう神業を、大変原始的なオーブンでいとも簡単にやってのける「厨房の神様」もたくさんいらっしゃるのだけれど、「厨房のずっこけ魔女」たる私には、もう絶対にできません。ですから、機械にすべてをまかせちまおうと、人間的感覚を全く必要

としないオーブンを使うのです。

機械が信用できるか、できないか、そこいらのことは、「〇〇手帖」におまかせして、後日、

「マアー、そうだったのー」

って驚くことにしています。

温度が一定していると、お菓子の類はよく焼けるものなのですね。本の指示に従って、分量を量り、きちんと手順をふんで、温度を守って、時間を守って、こうすれば、シュークリームもチーズケーキも、それは見事にでき上がります。

でも別に私がやらなくたって、これは同じなのです。

亭主の妹が、本を片手にすべて書いてある通りに手を動かして、

「オネーサンのとこのオーブンで焼かせてー」

って、チーズケーキを焼いたら、でき上がりは私の作るものと寸分の違いもなく、そしてそれを持って友達のところへ行ったら、

「ワースゴイ、まるでお店で買ったみたいに上手にできてるー」

と、ほめられたそうです。

誰がやっても同じで、行きつく最高峰が店の味じゃ、いやになってくるのですよ。だから私はお菓子類を焼くのって、あんまり好きじゃないんだな。かといって自分勝手にやれ

ば、これはたいていの場合失敗するしね。だから料理の分量はいつも適当な私でも、お菓子のときだけははかりを持ち出して、それでまあ美しく仕上がってほめられて、でもあまりうれしくはないのです。

だって一番大事なところをなさったのは、「オーブン様」であって、「熱くなりすぎたかな、火を消そう、アッぬるくなっちゃう、つけて、アー焼けた、火を消して、チーン、終わり」

この命令に忠実なクソ真面目機械が必死になって奮闘していた間、私は何をしていたかなー。

自分の能力の及ばぬところを、あたかも私の手柄のごとくにほめられるのは、内心非常にうしろめたく、その上、常に影武者の冷笑を背後に感じて、イヤーなものです。

ですから奴のプライドを傷つけようと、低温にセットして、子供の運動ぐつを放り込んで、小型乾燥機の扱いをすることで、

「ヒッヒッヒ、お前もしょせん機械よ、どう使われようと、文句言えないだろー」

と、辛うじて人間としての誇りを保とうとするのだけれど、誇りは保てても、ゴムのほうはいたみますネー。

日常の料理にはそれほど厳密な温度を要求されることはないけれど、それでも下ごしらえをしてセットしたら、あとは放り込みっぱなしにできるってのは、いろいろ余裕が生れ

ていいものです。

でもこういうゴテゴテ趣味のオーブンの唯一の欠点は、値段が高いこと、それでも電子レンジにくらべれば安いものです。しかし、もうすでにオーブンをお持ちで、うまく使いこなしているかたは、こんなもの必要ないのです。

研ぎすまされた人間の感覚ほど確かなものはないのです。体で覚えたカンは強ーい味方なのだから大切にしてください。自分の手でちゃんと温度を知っていて、体でタイミングを感じ取れるような人は、どこへ行ったってちゃんと料理ができるのです。しかし機械に頼っている限り、こういう人間的な感覚は、絶対にと言っていいほど、身につかぬものです。

私は、自分の家の台所の、このオーブンでなければ、お菓子なんて焼けないのです。それも本とにらめっこしながらです。楽なもんだから、いつまでたったって体で覚えない。そして、一歩家を出れば無能に等しくなるのです。

身のまわりを便利にしていくことは、己のもち得たかもしれぬ能力をひき出すチャンスを、一つ一つ捨てていくことになっているかもしれません。

レンガで組み立てた薪のオーブンだって使いこなせるという素晴しい能力を持っているのだったら、それを機械のためにムザムザと捨て去ることは、大変もったいないことなのです。

朝食に焼きたてのフランスパン食べたーい
私のささやかな夢なんです

家のすぐ近くに、パン屋が一軒店開きしました。

新しいパン屋のキャッチフレーズは、

「〇〇はあなたの街のパン屋です」

工場から運んできたパンでなく、その店でこねて焼いたパン、その焼きたてを食卓にという趣向なのです。しかも、朝早く七時ごろから店の戸をあけてくれるそうなのです。

ああ何という幸せ、これならば長いこと夢にまで見ていた、「焼きたてのパンを朝食に食べること」ができるじゃありませんか。

私はパンが大好きです。皮のパリンとしたおいしいフランスパンとコーヒーと、それだけで私の朝は充分です。でもパンの味の寿命、とくにそれをフランスパンに限ってみると、思っているよりはずっと短いのです。

これまでにも、家の近くにはパン屋はたくさんありました。有名なパン屋の支店もあります。オトーチャンが焼いてオカーチャンが売っているようなパン屋もあります。いずれの店を選ぼうと、それぞれにおいしいパンを売ってはいるのだけれど、ことフランスパンとなると、店頭に置いてはあっても、たいていの場合遠くの工場で作られたものなのです。その上衛生のためなのか、しっかりビニール袋に詰められているから、もうこれはパリンパリンはおろか、曲げればくの字にだってなりそうです。かみしめればあごの力は強くなるだろうけれど、食卓は体力増強の場じゃないから、つらいのはゴメンです。足をうんとのばせばおいしいパン屋はあるけれど、そんな暮らしにつながらぬ遠くのパン屋は私には無縁のものです。

あっちのパンかじり、こっちのパンかじり、そうしているうちにやっとこさっとこ、家から電車で十五分の所に、私好みのパン屋が見つかりました。といってこれを高い足代払って毎日買いに行くわけにはいきません。いくらパンが好きだからといって、そこまでこだわりがあるわけじゃないし、第一、時間がもったいないのです。それにこれはどう考えたって朝食には間に合いません。

それでも毎朝そこのパンを、それもできることならなるべく焼きたてに近い状態で食べたいと、欲の皮をつっぱったあげく、不精者はパンを冷凍しました。

わざわざ買いにいくことはしないけれど、ついでのあったとき、まとめてごっそりと買い込むのです。釜から出てきたばかりで、皮がプチンプチンとはじけるように音がしていたらもう最高、それを両手いっぱいかかえて歩いていると、焼きたての香ばしいパンの匂いに鼻の先がくすぐられて、やたら浮き浮きとうれしくなって、スキップなんぞしてみたくなってくるのです。

家に帰ったら、できるだけ早く冷凍庫につっ込みます。食事の仕度の時間が限られている朝にも解凍しやすいように、食べやすい大きさに一切れずつ切ってしまい、それをビニール袋に行儀よく入れたら、輪ゴムでキッチリとめてフリーザーにポン。こうしておけば、朝、ねぼけまなこで人数分だけ取り出して、顔でも洗っているうちには、半解凍くらいにはなります。これをホイルにきっちり包んで、一八〇度ぐらいのオーブンであっためれば、たとえそれが一週間前のパンだとしても、かなりおいしいのが食べられるのです。時間さえあれば自然にとけるのを待つのがいいけれど、その場合でも必ず温める程度には焼きます。オーブントースターでも充分役に立ちます。

しかし、いくらおいしいといったって、やはり焼きたてにかなうわけはなく、第一、パンの冷凍ってのはやたら場所をとるので閉口します。あれをこっちにやって、これはその隅に押し込んでと、まるでパズルを解いているような複雑な作業の末にようやっとパンはおさまったけれど、これでしばらくの間冷凍庫は満員御礼。ホームフリージングなんて洒落《しゃれ》たことを私だってやってみたいのに、ダメ。入れるすきまがないのです。

これでは大枚はたいてパンストッカーを買ったみたいで、十万円のご飯蒸し器を買った人を笑う資格などはなくなります。そしてもう少し大きめを買おうかと、サイドバイサイドなんてのにチラリチラリ目を走らせたりしてみるけれど、こういう物の欲しがりようというのは考えてみればおかしなこと、主客転倒というのか、物の価値観がどこかでスルリと入れ替わっています。一本二百円のバケットのために何十万かの道具がいるってのは、物の価値は値段の多少ではないと思ってみたって、やっぱり不自然です、一方からだけ物を見てばかりいると考え方ってとんでもない方向にいってしまうものですね。そして巨大な冷凍庫の扉をあけたらまたパンがギッシリ、では気味悪いよね。

こんなふうにパンで頭がこんがらかっていたから、家の近くに心意気のある早起きパン屋ができるって聞いたときには本当にうれしくって、それで朝早く顔も洗わずにすっとんでいったのです。

確かに店の扉は朝早くからあいていました。でもまだパンは焼けていませんでした。カゴの中にはパンははいっていたけれど、時間がたってもあまり味の変わらぬ種類のものばかり、昨日のパンでした。ねぼけた顔でボーッとつっ立っていると、それでも奥のほうから少しずつ焼きたてが出てくるのですが、デニッシュっていうんですか、あのバターたっぷりのパイみたいなの、あれが先なのです。

「アノー、フランスパンはいつごろ焼き上がりますか？」

「フランスパンでございますか、あれはお昼過ぎ、そうですね、二時ごろいらしていただければ焼き上がっていると思います。ちょっと似た味のドイツパンなら十時ごろにはできますから、それでいかがでしょうか」

冗談ではない、学校や仕事に遅れて、社会的信用をなくしてまで焼きたてにこだわるわけにはいかないのです。

そういえば、電車で十五分のあのパン屋でも、柔らかいパンが先に店に並び、フランスパンは一時過ぎにならぬとでき上がってきませんでしたね。手順の上での共通した事情があるのでしょうか。

でも午後に焼けたパンは、いったいいつ食べるのでしょうか。我々の暮らしに、夕食にパンを食べるという習慣はあまりないのです。おやつに食べますか。でもこのときこそ朝一番で店に出てきた菓子パンがほしいのです。夕方買って、でも食べるのは次の日の朝ということにどうしてもなりますかね。私がパン屋だったら、これは頭にくることです。一番のおいしいときにはながめていて、味がおちてから食べるんだものね。何のために苦労してんだろうって気に、私ならなってしまうでしょう。

でももしかしたら、朝食にバケットを食べようってのは私の勝手な発想かもしれないのです。よく写真なんかで、フランスの子供が大きなパンを持って走っているのを見て、私は自分の生活からの思い合せで、てっきり朝ご飯のパンのおつかいだとばかり思っていたけれど、考えてみりゃあちらさんは朝昼晩パン食べてるのですよね。聞くところによると、パリの朝食はクロワッサンと、カフェ・オ・レだというし、となると私の描く、朝食に焼きたてのフランスパンなんてのは、実現不可能な夢想に過ぎないのでしょうかね。

一部のパン屋さんがいくら張り切っても、フランスパンが家庭の日常の暮らしの中に定着しないのは、もしかしたらこの出合いのタイミングの悪さにあるかもしれません。翌日に持ち越すのだったら、やっぱり時間経過による味の変化の度合いの少ない食パンのほうがおいしいのです。

かくして私は、パン屋、我が家に近づけど、朝食に皮のパリパリした焼きたてのフランスパンを食べることはかなえられず、またまた冷凍パンに逆もどり。新しいパン屋の、前の日のパンを十円安くして売る心意気はうれしいけれど、やっぱり好みの味というものも店選びの条件の一つになりますからね。

しかし、こちらの生活の時間帯に焼き上がりが合うといいのになと思うのは、あくまでも理想であって、私が朝何気なく食べるパンの一切れが、誰かのドエライ早起きと苦労の結晶だったりしたら、何だか申し訳なくってノドにつまってしまうと思うのです。

お金を出しさえすれば簡単に手にはいるからこそ、やれまずいのおいしいのと気軽に言っているけれど、ひとたびこれを自分の労力で作ってみれば、人様が作ってくれたものに味の文句などとてもつけられなくなるのです。自力でパンを、とにかく「食べられる状

態」までにこぎつけた後には、スーパーマーケットの安売りパンだって、

「どうしてこんなにフワフワーッとできるのー？」

と、尊敬してしまいます。

遊びでしか作ったことがないけれど、私はケーキよりパンを焼くほうが好きです。パンの材料というものは、ごくごく素朴なものばかり、それをおいしくするもまずくするも、ただただ作る人の腕一つにあるというあたり、物を作っているという快感をかなり満足させてくれる要素があるのです。

物につかれたようにパン作りに夢中になっている人を見たことがあるけれど、パン釜から焼き上がったパンを取り出し、手で重さを量り、はしをちょいとちぎってかみしめてみるあたりまでは、まああたり前なのだけれど、耳を近づけ、パンのささやきでも聞きとろうとしているようなその姿の真剣さは、食べ物を作っているというよりむしろ皿を焼く陶工に近いように見えました。

こうまで人をのめり込ませてしまうほどですから、パンを焼くということは面白いことに違いなく、手を出したらその深みにはまり込んで、のがれようがなくなるかもしれないなと思うと、その魅力ゆえに近づきたくないのです。

その上、どうがんばってもパン屋のパンにはかないそうもありません。私がたまーに作るパンを、家族の者は、

「おいしいね」

と言ってくれるけれど、イーストの匂いが抜けきらず、ずっしりと重みのあるパンは、どことなく「開拓者魂」って感じで、雰囲気は良くても、本当のところおいしいのかおいしくないのか、作った本人は全然わからないのです。なにしろ夢中になって作っているから、客観的に見る冷静さを欠いています。

それに、体中粉だらけになって、髪の毛までも白くしたオッカナーイおかあちゃんから、

「自家製だぞ、ホームメイドだぞ、おいしい？　ね、おいしい？　オイ、オイシイと言わなきゃ、この先メシ作ってやんないゾ」

と、強迫されている家族の批評なんざあ、この際あてになりません。

家の食卓というのは楽しかるべきところで、恐喝の場じゃないのだから、毎日食べるパンにあまりいろんな思いがこめられていたら、同居の皆さんつらくなるでしょ。たまに楽しみで焼いて、さり気なく食卓に出し、

「このパン、アタシが作ったのよ……」

「オー！　オマエ、パンも焼けるのか、上出来、上出来、家でこれくらいにできりゃ上等だよ」

と、この程度が優雅でいいですね。

一度でも自分でパンを焼いてみれば、あのなんの飾りっ気もない素朴なパンをおいしく

作り上げることが、いかに大変かがよくわかります。ですからパン屋のオジサンの焼いてくれたパンは、最後の一切れまで、おいしい状態で食べることを心がけたいのです。どんなパンであろうともです。どこそこの何でなければという、おごった口にはなりたくありません。物を見分ける繊細な感覚は大事だけれど、どんなものだってニコニコ笑ってたいらげることのできる、たくましい胃袋と神経も、生きていくのには必要なことです。

選択権というのは自由に行使したいけれど、ひとたび手に入れたもの、それはどんなものであれ、作った人の思いがこもっています。大事にしたいのはパン屋のおじさんの心意気、最後の一切れまでおいしく食べようという工夫は、作ってくれた人への礼儀です。

牛乳と卵と砂糖を混ぜ合わせ、ほんの一つまみの塩を入れてパンをひたし、バターをひいたフライパンでこんがりと焼き目をつけるフレンチトースト——ジャーマントーストだという人もいるけれど、仏独どっちかな——は、古くなったパンでも、情けない味のするパンでも、すべて同じにおいしく食べられる良い方法です。

焼き上がった上にバターをちょいとのせ、上からシナモンをパラパラッとふりかけたり、同じパン一枚でも、ボソボソのものにバターをつけてヌッと差し出されるより、このほうが食べてるという感じになります。一枚のパンがけっこう大きくふくれ上がるから、パンが足りないときにも助かります。

パンを自分で作るのは少々しんどいことだけれど、同じイーストを使うのでもピッツァパイなら意外と簡単にできてしまうものです。街に出れば軒並にピッツァハウスがあるし、スーパーには冷凍したのが売っているし、今さらと思うかもしれないけれど、なんてったってこれは家で作るほうがおいしいのです。それに、作り方の手順なんかはパン作りにかなり近いところがあるから、いつの日かパンを作ってみようという気があるのなら、そのウォーミングアップのつもりで、イーストや粉に慣れるのには手ごろな練習台になります。

ゆっくりした日曜の午後に、たまにピッツァでも作ってみませんか。

分量の目安は一応書くけれど、あまり神経質にならぬように、割と大ざっぱにやってできるあたり、お菓子とは違います。ゆったりと大らかな気持ちで作ってください。

四〇〇グラムの強力粉と、人肌に温めた牛乳一八〇CCを用意しておきます。

まず第一にしなくてはいけないのは、イーストを発酵させることです。コップに温水を四分の一、その中に砂糖をひとつまみ――これは味つけではなく、イーストのご飯なのだから忘れずに――入れ、ドライイースト小さじ二分の一から一杯くらいをパラパラとふり込みます。かたまろう、かたまろうとするから、指でこねくりまわして溶かし、ぬれ布巾で上を覆って、暖かい所にしばらくおいておきます。

十分もするとブクブク泡がたってくるはずですが、もしその気配が全くないようなときは、これ失敗、いくら待ってもむだだから、思い切りよく捨てちゃって、もう一度初めからやり直してください。ちょいとぬるめの風呂くらいの温度にしてやるとうまくいきます。

首尾よくイーストが発酵したら、いよいよパイの皮こねです。

鍋でも洗い桶でもかまいません。威勢よく手が動かせるように、少し大きめのものを選んで、その中にまず粉と牛乳を入れ、砂糖大さじ一杯、塩小さじ一杯、サラダ油大さじ一〜二杯を加え、最後にイーストをドカッと入れ、この全部をいっしょに手でこねくりまわしてください。最初ニチァニチァ、パサパサ、前途不安になってくるけれど、安心して続けてください。すぐきれいにまとまってきます。

手や器にベタベタつかなくなるくらいになったら、今度はそれをこねにこねるのです。板の上に置いて体の重みをかけながらグイグイこねるのもいい運動になるけれど、器にたたきつけるという方法もあります。

洗い桶をひざに置き、片手でしっかりささえ、パイ種のかたまりをむんずとつかんだら、思いきり桶の中にバシーンと投げ込むのです。気がムシャクシャしているときにはとくにこの方法をおすすめします。憎き相手がいるのならその顔をパイのかたまりの上に重ね、持ち上げてはたたきつけ、のばしてはぶつけ、ありとあらゆる方法でいじめ抜いてください。百回くらいぶつければ、こちらのうさも晴れ、種もなめらかになるでしょう。

丸くまとめたパイ種は、ぬれ布巾でおおいをして、暖かい所において、今度は発酵させます。ウチでは湯をはった皿をオーブンの中に入れ、その中でしばらくねかせます。冬ならコタツの中が良いでしょう。

別に急がないのなら、ビニールの袋の中に入れ、キッチリ口をくくって、冷蔵庫につっこみ、低温発酵という手もあります。土曜の夜テレビでも見ながらこねて、冷蔵庫で一晩ねかせれば、日曜の朝には袋の中でパンパンにふくれ上がっています。

二倍くらいにふくらんだものを、もう一度こねてガス抜きをします。これを四等分にして、一つ一つ手粉をつけて二、三ミリの厚さにのばします。めん棒やビールビンで薄くするのが普通だけれど、空中に放りなげて、遠心力を利用してヒラヒラとのばすこともできます。でもこれはデモンストレーションとしての効果は非常にあるけれど、ブーメランのように、投げたら必ず手元に帰ってくるという保証はありません。しかしうまくやると、家族の尊敬のまなざしを一身に受ける、これは確実です。

パイ皿を特別用意することはありません。お菓子の缶のフタや、耐熱性であれば普通の皿でも使えます。それも丸いと限っているわけではなく、四角いピッツァを作っているお宅だってあるのだから、もっと自由に考えてください。しかし、いずれの場合も皿に油をぬってからパイを張りつけること、これを忘れると悲劇ですよー。

パイの皮は薄めのほうがおいしくでき上がります。市販のは少し厚すぎるようです。のばしているうちに穴があいても気にしない。はしのほうからちょいとひとつまみちぎって、それでペタンとつぎあてすりゃいいのです。多少の薄い厚い、それもかまいません。

皮の上にのせるものはお好みでいかようにでもやってかまわないのだけれど、最低限、トマトソースとナチュラルチーズは用意してください。

トマトソースには市販の水煮のトマトの缶詰を使うのが一番楽です。ここまで赤く熟したトマトはなかなか手にはいらないし、季節によっては生より安くつきます。味も安定しているし、第一もう煮てあるから手軽です。

まず鍋を熱くして油――あればオリーブ油――を入れ、にんにくの押しつぶしたものと少量の玉ねぎのみじん切りを、色がつきかかるくらいに炒《いた》め、その中に缶詰の中からトマトだけを取り出して加えます。ていねいにやるのなら小さく切ってから入れるけれど、丸のまま入れたって乱暴に炒めているうちにはグチャグチャになってくれます。

ジュースのほうはトマトをしばらく炒めたのちに入れます。どうしてだか知らないけれど、このほうが味よく仕上がります。ぶどう酒もあればいっしょに入れるけれど、わざわざ買いに走ることはありません。上にのせる具にマッシュルームの缶詰を用意しているのなら、その汁だけこちらのソースにもらいましょう。

月桂樹の葉を香りづけに一枚、さらにオレガノの葉も入れると味がぐっと本格に近づくけれど、こちらはひかえ目に、入れすぎると食べるとき鼻がムズムズします。

塩味をつけて、ジャムのようになるまで煮詰めます。大して時間はかからないはずです。

パイ皮にこのトマトソースをペタペタと、どちらかというとけちくさく、もったいながってぬりつけます。

その上にスライスした玉ねぎをパラパラッと散らし、あとはベーコン、ハム、サラミ、ツナ、ピーマン、マッシュルーム、えび、好きなものを好きな取合せでのせ、最後にナチュラルチーズの細かく切ったものをたっぷりぶりかけ、熱くしたオーブンに入れ、中火で十五分ほど焼きます。のせる具はすべて小さく切っておかないと、一口かじったら全部くっついてきて、あとは皮のみということになってしまいます。

ちょうどよい焼き具合は、まわりの縁はパリパリ、真ん中のほうは少し柔らかめ、三角に切り分けたとき、ピンと水平を保つようでは焼き過ぎ、とウチの亭主は言うけれど、これも各自の好みでやってください。

上にのせるものもやはり各人各様、見当がつかないのなら、一度ピッツァハウスのメニューをとくとながめてお勉強してください。ついでに調理場ものぞいてみれば、他にもいろいろ賢くなります。

アレもコレもとありったけのものを一度にのせたがるけれど、数多けりゃおいしくなってものじゃありません。ミックスピッツァは、外の食堂に行ったときに好みの違いで起こるけんかを防止するためにはいいけれど、家でせっかく、アンチョビーやオイルサーディン、オリーブなんてもの用意しているのなら、それぞれの味がはっきり楽しめるような取合せの工夫が必要です。何でも五目が上等でおいしいと思うのは間違いです。

ソースが余ったら、次回のために冷凍しておいてもよいし、次の日の朝パンにぬってチーズをのせ、オーブントースターで焼いてピッツァトースト、皮を作るのがどうしてもめんどうと言うのなら、最初からこのパンのピッツァ風でいったってかまいませんよ。

缶詰のトマトが出てきたから、ついでに申し上げるのだけれど、これは大変便利なものです。熱を加える料理に使うのには、生より缶詰のほうが色も味もぐっと上等に仕上がります。最盛期に八百屋の店先に山積みされたマッカッカトマトを目の前にしてわざわざ缶詰を買うのは愚かだけれど、その他の季節だったらこれは台所のすみにいくつか買い置いておくと便利なものです。

冷蔵庫の片隅のベーコンの一、二切れ、野菜カゴの中のしなびたピーマン一個、そんな中途半端なものをいろいろ寄せ集め、そしてトマトの缶詰があれば、それでおいしいミネストローネスープができます。

ベーコンの薄切りを二、三枚、細かく切って、にんにくといっしょに炒めます。その中にサイの目に切った玉ねぎを加え、透きとおりかけるまで炒めたら、にんじん、ピーマン、セロリ、トマト、これもすべてさいの目に切って加え、軽く炒め、水をジャーッと入れて、月桂樹の葉も一枚、入れたきゃ固型スープもポンと投げ込み、ふたをしてコトコト、コトコト煮ます。そして最後に塩かげんをして胡椒をパッパッでき上がりです。

ほんの少しのとろみがほしかったら、米をパラパラッと入れていっしょに煮ると良いでしょう。アルファベットマカロニを入れるときも、別の鍋でゆでるようなていねいなことしないで、直接スープに入れて煮ちゃうほうが、適当なとろみがついていいものです。

このスープにはうずら豆がよくあうけれど、これは前日から水につけておく必要がありますから、思いたったらすぐの不精者には間に合いません。でもおいしいから気がせいていないときに一度ためしてみてください。

野菜の種類は多いにこしたことはないけれど、セロリがなくても、ピーマンがなくとも、そのあたりは臨機応変、そのときどきの冷蔵庫の事情に応じて味がいろいろ変化するあたりが愉快なのです。サラサラ、ドボドボ、どうできたっていいのです。塩入れすぎたら、水でうすめたってかまわない。歌でも歌いながら、ゆったりかまえて作りたいものです。

完全に熟したトマトを使いさえすれば、あとはかなり大ざっぱにやって大丈夫です。だから缶詰のトマトに手をのばす、おわかりになりましたか。

温めなおしても、おいしさに変わりはありません。昨夜の残りのミネストローネスープに、冷凍のフランスパンを焼いて、コーヒー一杯添えれば、ネ、素敵な朝ご飯ですよ。

冷蔵庫、己の怠慢と無知を暴露するもの
冷凍庫、人を賢く見せるもの

ものの五分も歩けば商店街という、大変便利な所に私は住んでいるのだから、マメに体を動かしさえすれば、食料品の買い置きなど、うちでは必要のないことかもしれません。一日の必要分量だけをキチッと買い、それをすべて使いきって、残さず食べてしまえば、台所の中はかなりスッキリするだろうし、ゴキブリなんかもウロチョロしなくなるかもしれないのです。

でも夢中になって何かやっていて、ハッと気がついたときにはもうとても買物なんかしてたら間に合わないとか、午後からドシャ降りとか、いろいろ事情は生じます。それに、トンカツを用意していた晩に、亭主が帰って来て、

「今日オレ、昼飯にトンカツ食ったんだけど、ウチはなんのメシ?」

と聞かれて、

「マァー、アナタもなのー、アタシも今日はトンカツが食べたくなってね。夫婦って不思議ねー」

なんて、またぞろトンカツ出すわけにもいかないから、

「ホンジャマー、これは明日の昼にでもアタシが食べるとするか、さーて、何か別のもの急いで作らなくっちゃ」

ということだってあるのです。

それにうちじゃ、前ぶれもなしに突如食べる口が増えるということもよくあるから、そんなとき、パパッと一つ二つ作れる用意も必要、とあらゆる事態にそなえて、やっぱり常に余分の食料はおいておかねばならないのです。

ところが、困るのが、これらの予備食品の保存です。乾物類はいいのですよ。湿気ないように缶につっこんでおけばいいのだから。生もの、これが困りますね。塩をしておくとか、ぬらした新聞紙に包んでおくとか、そういうごく初歩的な保存の知恵に欠けているのです。早く世帯持ったということもあるかもしれないけれど、こういう肝心なことを、母親からあまり教わっていないのです。

その母親は私よりもっと若くて嫁に行って、だから知らないのかというと、けっこうちゃんとご存じ。コワーイ、オシュウトメサンにしごかれたからなのだそうです。

うちは亭主の実家にいるといっても、棟も所帯も違い、第一ウチのオシュウトメサンは

優しくって、私がかなりスットンキョウな間違いやったって、笑って見逃してくれるのです。こういう自由な空気の中で甘やかされていると、こちらにかなりの意欲がない限り、ちっとも知恵がつかない。だから何でも冷蔵庫に入れてしまうのです。

記憶力さえ良ければそれでもいいのです。でも私は忘れます。

冷蔵庫の中には、「明日は食べるつもり」だったラップフィルムの覆いをした皿が並び、「明日のチャーハンに使うつもり」だった豚肉の切れはしがラップの中で変色し、醬油につけたまでは賢かった刺し身の残りがドス黒くなり、「杏仁豆腐に散らすつもり」だったミカンの缶詰に、うっすらカビがはえ、

「アー、バッチイ、これじゃゴミ捨て場だね。掃除して、明日から心入れ替えよう」

と、いろいろ捨てにかかるのだけれど、これがまた、どれが大丈夫で、どれがだめっていう判断が全くつかないのです。いっそ臭《にお》うとか、カビがはえてしまうとかすればはっきりするのだけれど、かまぼこ、ソーセージの類、見たって何ともないのです。

加工品の調理も技術も、すべてメーカーさんに頼りきって育った世代だから、製造年月日から数えて判断するほか知恵がないのです。だから、食べられたかもしれぬものまでゴミ箱に追いやって、冷蔵庫をスッカラカンにして、そして一週間もたてば、またまた、満員御礼の札が出ます。

冷蔵庫ってのは、己の怠慢と無能を、赤裸々に暴露してくれるものです。

ところが、同じことを冷凍庫相手にやってごらんなさい。これは賢く見えるのですよ。アリガタイですね。だから私、冷凍庫ってのが大好きです。

おもちの一切れ、一枚残った魚の干物、だし汁をとったあとの昆布や煮干し、絞ったあとのレモンの皮、なんでもかんでも放り込んでおくと、おもちは夕食までの子供の口ふさぎになり、干物は食事をすませて帰って来たのに、さらに何か一口ほしがる亭主の茶漬に添えられ、だしガラはいつしかまとまって、気が向いたときに——私は何だって気が向かないとやらないから——つくだ煮に煮つけられ、レモンはすりおろすにはかえって生より楽ときている。

しまう場所がちょいと違うだけで、こうも生活が変わってくるものですかねー。

残り物や、半端物をつっこんでありがたがっていると、もう少し積極的にホームフリージングなんてやってみようかな、という欲がでてくるのです。

そして、いつもより倍もギョーザを作って、余ったのは焼かずに、フリーザーにポーンと放り込んでみるのです。これは凍ったままを、たぎった湯の中に入れ、水ギョーザにすれば、まず冷凍品であることはばれません。

お菓子を作ったら、卵の白身がやたら余って、メレンゲを作るっていう手もあるけれど、あれは家族全員を肥満に導くことになりそうだから、私は新しい卵をいくつか足して、錦糸卵を作り、凍らせます。解凍した後パサパサしないように水どきの片栗粉を少々加えたのは、雑誌から拾い読んだ知恵です。これをまとめて凍らせちゃったから、解凍するときに金づちを探さなくてはいけなくなってしまったのです。

一度失敗すれば少し賢くなります。細く切った卵を、バットの上にタタミイワシのように広げ、その上にラップを一枚かさね、またその上に卵を広げ、というふうに段々にして、フリーザーに入れました。

ちらしずしや、鶏のそぼろご飯の飾りに重宝します。春雨のもどしたものと、きゅうりとハムの細切りを用意し、この卵といっしょにごま油、酢、醬油であえ、溶き辛子をしのばせれば、中華風サラダができ上がります。

「何も凍った卵を使わなくったっていいじゃない」

そりゃ最初からわかっていることですよ。フリーザーというのは調理器具じゃないんだもの。

錦糸卵を作る余裕がないから、もうすでに卵だけでもできていると、料理にとりかかるときにおっくうにならずにすむから、要するに手間のストックなのです。従順で無口なアシスタントが一人いるのと同じです。

ミートソースなんかも、作る手間は少量も多量も同じだから、余分に作って残りを板チョコのように薄べったく冷凍するのです。

これはラザーニア・グラタンに使います。

ラザーニアはスパゲッティのように干してカチンカチンになっているものがデパートに売られています。これを少しかためにゆでておきます。

深皿にバターをぬり、ラザーニア、ミートソース、チーズ、ベシャメルソースの順で段々に重ねることを、二、三回くり返し、オーブンで焼き上げます。

同じようなことを、ラザーニアの代わりになすでやってもおいしいものができます。なすは一センチぐらいの厚さに切り、あらかじめ油でさっと焼いてから使ってください。

「ベシャメルソースも冷凍にしとけばもっと楽ね」

と、お思いかもしれませんね。

でも、冷凍のものっていうのは、やっぱり独特の雰囲気があるのです。すべてをそれでかためてしまうと、どういう具合か空々しいものができがちです。

その使っている一つ一つのどれをとってみても、自分でつけた味つけであるにもかかわらず、何となく自分ごとでないようなよそよそしさが匂ってくるのです。

毎日毎日同じような味に作っているつもりでも、やはり料理には「今日の味」というものがあるような気がします。その日の気分とか天候とか、そんなものの影響で、欲する味も微妙に違ってくるのではないのでしょうか。

だから冷凍のものを使うときは、どこか一か所で今日の味を加えてピシッとしめないと、料理が生き生きしてこないのです。

フリーズしたものは、よほど忙しいときでない限り、メインにはもってこないほうが無難です。まあそれも好みの問題かもしれませんが、あまりにもむだのないキッチリしたやり方ってのは息苦しいのです。作る側の意識過剰かもしれないけれど、その息苦しさが食卓の上にもあらわれるような気がしてならないのです。

たとえば味噌汁が余ると始末に困るからと、人数分をキッチリ量ってやるかたがいらっしゃるけれど、それじゃ私、食事の間中、おかわりの声におびえなければなりません。残って、次の食事のとき、ご飯の上にぶっかけて食べちゃうくらいの暮らし方が好きです。だから、ハンバーグもフリーズしたものはハンバーガー用に、ゆでたほうれん草の冷凍はおひたしとして出さないで、ポタージュスープにしたり、ワンタンの具に混ぜたり、と、どれも華々しい活躍ではないけれど、ほんのちょっとのこういう脇の力はそれは助かるものなのです。

冷凍に向かぬものもあります。そのあたりの知恵は、本屋に行って「ホームフリージング」という本を立ち読みして仕入れると良いでしょう。

でも、私の友達に、冷凍に向かぬ物も冷凍して、その物理的変化を逆に利用している賢い人がいます。皮をむいたしょうがをそのまま凍らせるのだそうです。しょうがの絞り汁がほしいときには、それを取り出して皿の上にのせて解凍し、そのままギュッと絞ると簡単にしょうが汁ができちゃうんですって、頭いいねー。

市販の調理冷凍食品、あれは店が近くにあるのなら、店に保存管理をまかせておいて、そのつど買いに走ったほうが、場所をとらなくてよろしいようです。

生の肉や魚の冷凍品は、解凍をていねいにやらないとまずくなるから、これを利用するには計画性が必要です。無計画な人間でもすぐ使えるのは、冷凍ひき肉、パラパラになっているから、一さじずつでも取り出せます。でもこれはスーパーで買う生肉より少し高くつきます。結局不精代を払わねばならぬというところでしょうか。

お菓子を自分で作りたいけれど、暇がなくって、というかたには、冷凍パイ皮をおすすめします。りんごに砂糖と干しぶどうとレモンの薄切りを入れて煮て、このパイシートにはさんで焼けば、ホットアップルパイが簡単にでき上がり、これはけっこう自家製のお菓子っていう気分になれるものです。

でも、ことさら冷凍しなくたって、手間のストックができる場は、日常の中にけっこうあります。

たとえばごま。そのつど煎《い》るのが最良だけれど、あらかじめ煎って半ずりにしたものをびんにでもいれておけば、

「もうご飯ついじゃったのに、今からごま煎るの？　イヤーヨー」

と言わずにすみます。

キャラメルソースもひとたび思いたって作るときには、一ビンくらいごっそり作っておくのです。悪くなるものじゃありません。キャラメルソースさえあれば、カスタードプリンだって気軽にホイホイと作る気になれるものです。

こういう自然な形での手間ストックは、ものの保存法同様、おばあちゃんやおかあさんがよくご存じで、そういうかたからうかがうのが一番ためになることです。と、私は逃げちゃう。お年を召したかたたちのそういう心がけの良さには頭が上がらないのです。

その直接の証明にはならないかもしれないけれど、私の手元に一冊の面白い本があります。これは海外に住む日本婦人のために書かれた料理の本で、発行は二十五年ほど前だから歴史的にそれほど古いものではないけれど、これを著したかたはひと昔前の暮らしの知恵にたけたかたに違いなく、その古き日本の知恵をバタ臭い外地でなんとか生かそうというあたりが、現在の私たちに向けられているかのごとくに読めて、大変面白く、またオッカナイ本なのです。

その巻頭の「台所心得」の一部をちょっと抜き出してみます。

『一つ、一週間に一度は食品の有無を調べ、味噌、漬物の類がカビていないか注意すること。

一つ、胡麻は煎ったりすったりしてビンに詰めておく。

一つ、炒子《いりこ》を干して、ひいたり細かくしたりしておく。ひいたものは日常に、たたいたものは客用に使用する。かつおぶしもけずっておく。

一つ、メリケン粉はフライパンで色づくまで炒《いた》めて、ソース用にたくわえておく。

一つ、茶をほうじておく。

一つ、大豆を煎って黄粉《きなこ》を作っておく。

一つ、パンの残りは日干ししたり、天火で焼いたりして、ひいてパン粉を作っておくこと……』

以下、ジャムや果実酒はもちろんのこと、みりんまで作って用意するように書かれているのです。

これを私たち世代の人間が読むと、

「ワァースゴイ、外国でこんなことやってんのー」

と驚くのだけれど、ご年配のかたたちは、

「これくらいの心がけあたり前でしょう。不自由な外国だからこのくらいだけれど、あたしら若いころは……」

となるから、昔のおかたはエライ！

と、感心して、主婦とはこういうものよ、とは思ったりしない。だってこれじゃ、一生を厨房に立ちつくして終えることになるかもしれないじゃありませんか。

それもひとつの生き方で、立派なことだけれど、そもそも私は楽をしたくって手間のストックをしているのです。大体が家事の手抜きのカモフラージュのつもりで料理しているのに、その料理のために台所にしばりつけられるのじゃ、ミイラ取りがミイラになるたとえの通りになってしまいます。

当初の目的を忘れぬよう姿勢を正し、誇りをもって堂々と、抜けるところはどんどん手を抜きます。そのためにはインスタント食品だって使います。インスタントラーメンも食べます。でもインスタントラーメンとラーメンは同一の食品ではありません。インスタントラーメンを食べたいときはお店で買います。ラーメンを食べたいときは、ラーメン屋に行くか、自分で作るかします。意地っ張りと言われようが、つっぱりと言われようが、このあたりのところに、ものすごくこだわりたいのです。

私、前に一度、インスタントラーメンの味を、インスタント食品なしで作らねばならぬという、妙なはめに追いこまれたことがありまして、思いつくままいろいろやってみたけれど、結局のところできなかったのです。個性的というとちょっとおかしいけれど、とにかく独特の味ですね、あれは。

だからインスタントラーメンはインスタントラーメン、ラーメンはラーメン。形こそ似ているけれど、それぞれのおいしさは別のものなのだと思うのです。

したがって、インスタントラーメンにいろいろ手間をかけることは、それを今後何日間か食べつづけねばならないという、せっぱつまった状況下におかれない限り、したくはありません。お湯さえあればたちどころにの、あの簡便さ、それを大事にして、つき合い方をうんとドライにいきたいのです。

大メーカーが社運までかけた味は、私らがちょいといじくりまわしたところで、おいそれとは引き下がってくれない強引なものです。そんなことにかける手間があったら、いっそちゃんとしたラーメンを作るほうが楽しいのです。こちらだって、スープストックさえあらかじめ作っておくならば、インスタントと大して変わらぬ手間ででき上がります。それに、あちらは食事として出すには少々うしろめたい思いがつきまとうけれど、コチラのほうは、夕食にだって正々堂々まかり通るのです。

充実した食事というのは、何も品数を揃《そろ》えることではなくって、作る人間の心意気、密度の問題ですよ。

大きな鍋を用意して、その中に洗った鶏ガラを半分近く詰め込み、水を入れます。豚や牛の骨を入れてもいいけれど、鍋からはみ出たりして扱いが大変なことがあるから、そのあたりは好き好きで、最低のところ、鶏ガラは入れてください。

ウチでは直径二五センチ、高さ二五センチのズンドー鍋で四、五羽のガラを使います。でもガラ一羽は店によってかなりの差があるから、たっぷり肉がついていたら、もっと少なめで良いでしょう。しかし、水の中でガラが気持ちよさそうに泳いでいるようでは足りません。

これを一度、ガーッと煮立てます。吹きこぼれそうになったら火を弱め、上に浮いてくるあくを、最初はかなり思いきりよくすくい取ります。びっくりするほどたくさんのあくが出るはずです。つき合っているときりがないから、適当なところで手を打って、今度は表面がプクンプクンと静かに動いているくらいの弱火にします。

この中に、香辛料や野菜を加え、味を複雑にしてやります。にんにく、しょうが、長ねぎの青いところ、玉ねぎ、にんじん、パセリの茎、丸のままの赤唐辛子、なんでもいいから適当にぶち込みます。

なんでもいいと言ったって、やはり似合いそうなものを入れてください。一度私は白菜を入れちゃったことがあるんです。

コンソメスープがご自慢のコックさんが、

「平気だよ、何だって入れちゃうんだよ、白菜だって大根だって、ドーンドン入れてごらん。ドーンドンうまくなってくるから、やってごらん」

って言うから、ドーンドンうまくしようと思って、白菜の切れはしを入れたら、ドンドンまずくなっちゃいました。

プロってのは、ときどき素人をからかって喜んでるんですね。

白菜の切れはしはだめだけれど、料理の途中で出た、にんじんの皮、玉ねぎのはしっこ、椎茸の軸、はじめから野菜をそろえなくたって、こういうくずものは、そのつど放り込んでいったっていいのです。塩も少し入れておきます。

これを知らん顔して放っておけば、あとは勝手においしくなってくれるのだけれど、くれぐれも火の元にはご注意ください。かなりの弱火ですから、風が吹き消さぬとも限りません。一番恐ろしいのは、火を消し忘れて出かけてしまうことです。まさかとお思いだろうけれど、派手派手しくグツグツやっているわけじゃないから、目立たないのです。

実際に私の友達がこれをやりました。勤めから帰ってきたら、鍋の中には一滴のスープもなく、ガラと野菜がカランカランになっていたそうです。使っていたのが中華鍋だったから、余計に蒸発が早かったのでしょう。よかったですねー、外泊しないで。スープどころか家までもなくなるところでしたね。

だから、ほったらかしと言ったって、ときどき様子を見ることです。通りがかりに浮いているあくをちょいとすくってやったり、残ったつけ醤油を入れたり、一日一回は火を通すことを原則として、あとは気の向くままに、火をつけたり消したり、水を足したり、適当に世話をしてやります。

澄んでいるのにこしたことはありませんけれど、あまり気にしないことです。でも美しく澄んだスープの表面に、野菜が浮かんでいるところを、

「セザンヌのスープ」

といって、絵を見るように鑑賞するのが好きな友達もいるから、ひと鍋のスープ、いろ

いろな楽しみ方があるものですね。

このスープストックさえ作っておけば、ラーメンは簡単、どんぶりに醤油と刻みねぎを入れ、熱いスープを注いで、ゆでたラーメンを入れれば良いのです。これではちょいとさびしいから、そのときの気分や、財布の都合に合わせて、いろいろ好きな具をのせてみます。

醤油だけではというかたは、前もって豚肉の切れっぱしと酒を加えて煮立てた特製醤油を作っておいたり、ごまペーストをしのばせてみたりしたら良いでしょう。でも生醤油でなければいけないという、自称正統派もいます。こういうことに決まりはないでしょう。スープさえしっかりしていれば、どうやろうと、それから先は各自の好みの問題です。もちろんこのスープストックは、ラーメン専用ではありません。もしかしたら、正統派は、

「ラーメンのスープって、こんなものじゃないよ」

と、言うかもしれません。

しかし、家庭の中では、あとの手の加えようで、どうとでも好きなようにかたむいてくれる、こんなニュートラルのスープのほうが、いろいろ使えて便利です。

スープキューブをこれで溶かし、パセリを散らせば、立派な一皿のスープ。もっと手をかけたいのなら、スライスした玉ねぎを、バターでつくだ煮状になるまで炒めたものに、上からジャーッとかけて、オニオンスープ。さらに、その上にチーズをのせてカリカリに

焼いたフランスパンを置いて、チーズをたっぷりふりかけ、オーブンで焼けば、オニオングラタンスープができ上がります。トマトの缶詰を加えてトマトスープを作ったり、冷やご飯を煮ておじやにしたり、スープストックと気取ってみたけれど、要はだし汁です。

部屋の中にスープの匂いがただよっているのは、とっても豊かな感じがするものです。私をだましたコンソメスープ自慢のコックさんの店は、レストランではなく、酒場です、細い階段をトントン上がっていって、つきあたった店の扉をパッとあけると、フワーッとスープの香りがこぼれ出てきます。とってもあったかい感じで、それだけでもうその場所は前から知っているような居心地の良いものになってしまうのです。

そんなスープが、台所のすみにいつもコトコトいっていたら、いいもんだろうなあ、とは思うけれど、それもまた理想です。

常に準備万端整い候ってのは文句のつけようはないけれど、すきのない守りというものもこれまた、まわりのものにはつらいこと、だからもっと気楽に考えて、ひと鍋作っては楽しみ、次はまた思いたったときにと、ゆったりやりましょう。

うちの台所にスープストックを見つけると、人さまはすぐ、一年中用意しているのではないかと早とちりして、恐れおののくのです。戦術としての成功は大いに喜んじゃうけれど、そう年がら年中スープとつき合っていられるもんですか。

一日一回の火入れだって、私は忘れちゃうことがあるし、それが梅雨時だったりしたら、これでひと鍋くさってオジャンになっちゃう、それで、泣き泣き流し捨てるのだけれど、賢い人は、こうなる前に冷凍しちゃうのだそうです。

いずれにせよ、一度にたくさん作って保存するものは、保存して価値のあるものに限ります。だからできるだけていねいに、おいしく作ることが大事で、そのための手間は惜しまぬようにしましょう。

食卓での忍耐が再度要求されるのは、つらいことだし、たった一度の腕のあやまちを、そう何度も再放送するのは、作った側にとってもかなり誇りの傷つくことです。

「ヤダネー、またこれかい」

という顔を、そのつどされるのではたまったものではありません。

まめにやっているようなふりをしたいがための努力が、これでは逆効果になってしまいます。

本来ならチョコチョコと、けなげにやるべきところをさぼろうという魂胆がバレぬよう、不精を充分カバーしてくれるくらいのおいしいものを作る、手間というものは、そういうときに集中してかけましょう。

よそのお宅の料理をのぞき見する
楽しくて勉強になりますよ

それぞれの家の暮らしぶりが一つ一つみな違うように、家庭の料理の味というものも、一軒一軒みな違います。同じ料理を作っても、亭主の実家、私の実家、そしてうちと、それぞれ微妙なところでの味の相違が出てくるものです。そして、その違いこそが家庭料理の良いところで、

「お隣りさんのお口には合わないかもしれないけれど、うちのもんにはこれが一番なのよ」

という、毅然《きぜん》とした姿勢はもちつづけなければいけません。

それでも、あまりかたくなになって身近な好みの中だけで動きまわっていると、いつしか限られた範囲にだけしか手をのばさぬようになりがちで、料理に対する考え方も味も、閉鎖的になっていく危険があります。

何事によらず進取の気持ちは大事です。窓をあけて、新しい風を吹き入れましょう。外に食べに行って新しい味にふれるもけっこう、料理の本をあれこれめくってみるのもけっこう、でもいちばん手っ取り早いのは、よそのお宅の料理をのぞき見することです。よほど特殊なものでない限り、よそ様でおいしく作っているものはうちのもんにもおいしいのが普通だから、うちとはちょいと違っているその目のつけどころを、どんどん真似るべきです。

ただ特別のお招きにあずかると、ハッスルされちゃって、出される料理は、手間暇いとわず、財布のひもをゆるめることもいとわず、大々ご馳走です。その心意気は大変うれしく、恐縮してしまうのだけれど、真似て我が家にもち込もうというのには、少しばかり不向きな料理です。

それならば、どんなものを真似たいかというと、給料日前で財布は軽く、その上やたら忙しくって、ゆっくり料理なんかしていられなかったというような日、そんな日に切り札みたいに登場し、しかもその家族が喜ぶというような、いわば家庭の事情のいっぱいかまった、内輪の料理がいいのです。その上、そこのお宅が常日ごろから、おいしくものを食べることを心がけているような家だったら、条件としちゃ最高です。

大体どこの家にだって、困ったときにひょっこり登場するような料理の一つや二つ、必ずあるに違いないのです。覚えるべきは客料理ではなく、そういう普段着の料理です。

そんなせっぱつまったところへ、ずかずかとはいり込むのは失礼だけれど、別に見なくったって、聞くだけでも大いに参考になるし、それにそういった遠慮なしのおつき合いができる知り合いが、全然ないってのは、これまたさびしいことではありませんか。

ご近所のMさんのお宅の料理は、いつもおいしいことで定評があります。その上やり方がきれいで、ていねいなのです。

たとえば、卵焼き一つにしても、私がやると、マナ板の上でドカドカッと切ったそのままをドンと一つの皿に盛り、

「サア、食うか食わぬか、食いたい野郎は勝手に皿からお取り」

と、乱暴きわまりないのだけれど、これがMさんの奥さんの手になると、まず器から違ってきます。

上品な小ぶりの皿にはほんのりと赤い南天の葉が敷かれます。その上に切り口がきれいにうず巻きになり、ほどよくこげ目のついた、見るからにおいしそうな卵焼きが、ポッコリと盛られ、その横には、ちょうど良い水気を含んだ大根おろしがチョンと添えられているのです。目と口と、両方で食べる楽しさがあります。

バッテラも、私なんかは、

「ワカッチャいるけど、やってられないよ」

と、あり合せの出し昆布を鯖《さば》ずしの上にペタッとはりつけ、ときにはそれもなしで、ラ

ップフィルムでグシャグシャと包んでごまかしてしまうのだけれど、Mさんのお宅では、白板昆布も竹の皮も、ちゃんと築地の市場まで行って揃《そろ》えた上で作られるから、こちら幼稚園の弁当、あちら老舗《しにせ》の風格、といった違いが当然のことながらでてきてしまいます。

Mさんのお嬢さんは、お菓子を上手に作って子供たちに届けてくださいます。星形、ハート形、ねじり棒、形も味もとりどりのビスケットは、紫のききょうの花がいちめんにちりばめてある、それは洒落《しゃれ》た感じの薄い紙ナプキンに、フワァッと包まれ、金色の細いリボンが結んでありました。

私の作るビスケットはどれもこれも同じ形。その上、こういう洒落たことができないから、

「何で包んだって中の味が変わるわけじゃないでしょ」

と、すぐに居直ってしまいます。

パウンドケーキをラップにくるんだだけで、スーパーマーケットの紙袋にドサッと放り込んで、

「はい、どうぞ」

ビスケットのお返しに、確かこんな雑なことをやってしまったと思うのだけれど、だめですねー。気持ちのこめ方が足りません。

子供にくださるお菓子にさえしてくださる、Mさんのお嬢さんの優しい心づかいがうれ

しくて、私は未だにあの美しいきょうの紙ナプキンを、大事に手元にとってあるのです。いつか私が使って誰かさんをびっくりさせてやろうという魂胆ではなく、粗雑になりがちな私のやり方へのいましめのためです。

そしてまた、友達にみせびらかして、

「ホーラ、こんなデリケートな感覚持っているお嬢さんだって、私と仲良くつき合ってくれるんだからね。私だって捨てたものじゃないのよ」

と、自慢をするためにもです。

亭主のチチの作る「檀流クッキング」の中のかなり多くの料理が、Mさんのお宅に伝わっています。

私は万事不精でズボラ故、

「大勢に影響なければいいよ、いいよ」

と、とかく手を抜いた楽な方向へもっていこうとします。当初はかなりちゃんと覚えたつもりの料理でも、こういう心がけで回を重ねた末には、当然変わってきているはず。

「もしかしたら、これ原形と大分違っているかもしれないゾー」

そんなときは、Mさんのところへ行くのです。

Mさんのお宅では、手抜きなんか絶対にしないから、味かげんにおいては家の好みで多少の変化があろうとも、手順に関しては完全な形で受けつがれています。こういうかたがそばにいてくれると助かります。もとはといえばこちらの方向から伝わったはずの料理を、Mさんにおたずねしたりするのは、これは大変恥ずかしいことだけれど、確かめ、初心に戻ることもときには必要なことなのです。

そんなMさんのお宅から教わった料理のいくつかを、それもまたまた私の手抜きが加わって形を変えてしまうといけないから、手の抜きようのないものだけを紹介しましょう。それでも私を経由すると、やっぱり変化しているのかな、でもそういった変わりようもまた楽しいものですよね。

まずは、たらこと白す干しのふりかけから。たらこは生のものでなく塩たらこ、それを一センチぐらいにぶつぶつと輪切りにします。

鍋にサラダ油少々を熱して、その中にまず白す干しをバサッと入れて、かるく炒めたら、たらこも加え、さらに煎《い》ります。最初のうちはベタベタしているけれど、箸でかき混ぜているうちには、たらこはパラパラとほぐれてきて白す干しにからみつき、全体にフワッとした感じになってきます。油気が感じられぬくらいにパラパラ、フワフワになってきたら火を止め、これででき上がり。

塩味は、たらこ、白す、双方に初めからちゃんとついているから、手を加えたりする必要は全くありません。簡単すぎて不満なら、化学調味料でもふりかけますか。火は常に弱火、こげつかせては元も子もなくなります。

炊きたてのご飯にふりかけたり、混ぜ合わせておむすびにしたり、ほのかな桃色が白いご飯に、それはきれいです。ただね、私もやって失敗したのだけれど、お茶漬には不向きです。味はよく合うのだけれど、お茶をかけるでしょ。そのとたん、たらこがご飯粒のすきまをぬって、下にダーッと落ちてしまうからです。

たらこと白す干しの割合は、白す干しが多めです。だからこのためにわざわざたらこを一パック求める必要はありません。食べ残して、食卓と冷蔵庫の間を行ったり来たりしているだけで誰の箸ものびぬ、かといって捨てるわけにもいかぬという、そんな日陰モンのたらこで充分です。白す干しも、よく冷蔵庫のすみに干からびかけていたりする、そんなのを大いに利用したら良いのです。

ちりめんじゃこ、かなぎ、といったような小魚でやっても、できないことはないけれど、ちょっとしっとりした上品さに欠けるから、これらはまた別の方法でおいしくしましょう。

次に、ちりめんじゃこの煎り煮。

鍋で煎りつけるところは同じだけれど、こちらは油を使いません。

ちりめんじゃこを、細切りにした赤唐辛子といっしょに鍋でから煎りして、その上から醬油をさっとかけ、カラカラになるまで煎りつけます。

「それから？」

って、もう終わり、あとは何にもしない、これででき上がりです。

まあ、醬油といっしょに酒を少々加えるとか、あんまりヒリヒリ辛いのが好きじゃなかったら、赤唐辛子はやめて、最後に七味をひとふりするとか、この程度の手かげんはできますがね。

ご飯に合うのはもちろんだけれど、酒の肴《さかな》にも良いものです。その辺に出しっぱなしにしておくと、通りすがりに、誰か彼かちょいちょいつまんで、いつの間にかなくなってしまいます。日持ちがするから、ときどき作っておくと重宝します。

それから、納豆のあえ物。

納豆はといてご飯にかけてとか、せいぜい料理しても、細かくたたいて味噌汁に入れ、納豆汁に仕立てるくらいですが、Mさんのこれは、箸休め、酒の肴になります。

できるだけ小粒の納豆を買ってきます。この納豆に、プロセスチーズのおろしたもの、ゆかり、もみのりを入れ、グシャグシャに混ぜ合わせる、それだけです。

味が足りなければ、醬油か塩を少し加えますが、ゆかりの塩味でたいていの場合充分のはずです。ゆかりがなければ、梅干の中のシソをかたくしぼって細かく切り、使います。

納豆のねばりが消え、いろいろ混ざり合っているから、色もちょっと変わっていて、小鉢にほんの少し、料理屋風に盛りつければ、

「あら、これ何かしら？」

と思わせる、ちょいとオツな味の珍味です。

ドンブリいっぱい作るってなものじゃありません。一週間ぐらいはもつそうですから、ビンの中にでも作って、チョコッ、チョコッと出したいものです。

どれもとりたてて、

「料理いたしました」

と、いうほどのものではありません。

でも、こういうものが食卓にあるとないとでは、雰囲気が違ってくるはずです。定食屋で外食をつづけている人が家庭料理を喜ぶのは単に味の問題だけではなく、食卓のあっちこっちに箸をのばせるところにあるらしいのです。注文したらそれだけしか目の前にあらわれない、あたり前のことだけれど、それが続くと実にわびしいことなのだそうです。

あっちこっちにのばす箸のいく先は、とりたてて豪勢である必要はなく、昨日の残りのかぼちゃの煮つけだったり、ごった煮の中の大根の一切れだったり、

「ほら、こうして茶碗にご飯が少し残るよね。だからこのふりかけパラリとかけて、食べちゃう、外食ではこういうことができないもんねー」

納豆が出たついでに「納豆のお茶漬」もおすすめしておきます。これをやるのはMさんのお宅ではなく、亭主の妹だけれど、まあ話のついでです。

私、初めて目の前でこれをやられたときはびっくりしましたねー。

ご飯の上にあじの干物のむしったのをちらし、その上に醬油やねぎや辛子でふつうにといた納豆をのせ、熱いお茶をジャーッとかけて、

「オイシーイ！」

と、身をふるわせて喜んでいるのだけれど、納豆ネバネバにお茶がかかったら、いったいどのようなことになっているのやら、

「アンタって、かなりひどいもの食べるねー」

と、あきれて見ていたのだけれど、再度のおすすめと、あまりのおいしがりように、だまされたつもりでためしてみました。

まあ好き好きもあろうけれど、けっこうこれおいしかったのです。

夜遅く酒飲みが来て、冷蔵庫に納豆があったら、さっきの納豆のおつまみ作って、珍味、珍味と喜ばせ、ついでに「納豆のお茶漬」をすすめてごらんなさい。たいていの人はギョッとした顔をするから、それがまた面白くってねー。

と、ばかなこと言っていないで、話をMさんのお宅の料理にもどしましょう。

さて、高菜のお粥《かゆ》です。

これは今では我が家の非常食、といったって災害用ではなくて、いろいろ事情があるときにバカの一つおぼえって感じで作ってます。

もちろん大変おいしいからお客さんにだって出しますよ。そして老若男女、どなた様か

らも大変喜ばれております。

高菜は古漬を使います。わざわざこれを作るには及びません。その辺の食料品屋でビニール袋入りのを買ってくりゃいいのです。

高菜の古漬というのは油とよく合うもので、細かく切ってそのまま食べてもあまりおいしくない不出来なものであっても、ちょいと油でかるく炒《いた》めてみると、たいていの場合、おいしくなっちゃいます。

こうして炒めたものを、ご飯といっしょに粥、というより雑炊にしちゃおうというのです。

高菜をまず細かく切らねばなりませんが、なにぶんだだっ広い葉っぱですから、ただはしからトントントンでは、こんがらかった糸くずのようになって、あとで恥ずかしい思いをします。

九州あたりでこんなことをしようものなら、嫁いびりの絶好の種になるとか。いじめられるのはいやだから、まず最初に細く細く縦に裂きます。とくに葉の部分は念入りにやって、それを包丁ではしから切って、さらに数回ザクザクと包丁を入れて、まあそのくらいやれば大丈夫でしょう。

まず鍋に湯を沸かします。Mさんのお宅では、このときにだし昆布をしのばせ、たぎる前に引き出し、うまみを作りますが、ウチはときに水だけでやります。

湯が沸くまでの間に、きざんだ高菜と、豚の三枚肉を細切りにしたものとを、炒め合わせておきます。これを湯の中に入れ、もうひと煮たちさせます。

この中に冷やご飯を入れるのですが、あらかじめ水で洗ってザルに上げておいてください。ご飯を入れ、再びフツフツと煮立ってきたら、スープの味見をします。うすかったら、醬油や塩でかげんします。日本酒を少々入れれば、いっそうおいしくなります。

Mさんのお宅では、高菜の味を和らげるため、ほんの少しの砂糖を加えるけれど、うちではやりません。かくし砂糖というのは、私のような下手がやると、味を下品にしたりする恐れがあり、扱いが大変難しいからです。

黄色っぽいお粥ができ上がります。ダボダボ、サラサラ、それはお好みでいかようにでもお作りください。

うちではほとんどの場合、高菜と豚肉の具だけで済ませてしまうけれど、たけのこや干し椎茸の薄切りを入れるのが、Mさんのお宅のやり方です。豪華という点ではこれが一番、いろいろと入れれば、それだけおいしくなるには違いないけれど、たとえなくとも、充分おいしく食べられます。

でも豚肉だけは入れないとね。だって高菜だけじゃ、お茶漬と大差なくなっちゃうでしょ。

お年寄り向きには、昆布だしをきかせて豚肉はほんの少しで、あっさりと仕上げるのがよく、食欲旺盛な若者相手ならば、こちらはまずだしの味よりもスープ仕立て、豚肉もたっぷり使ってこってり仕上げる、とか、相手によっていろいろ中身の割合を変えてみます。食べるときに、ほんの少しごま油をふりかけます。刺激がほしかったら、唐辛子味噌やラー油で、ピリッとさせると良いでしょう。

温め直しもきくけれど、初めから食事の時間がずれるとわかっているのなら、高菜のスープとご飯は別々にしておいて、そのつど人数分だけ作るほうが親切なやり方です。温め直すのとたいして変わりのない時間で、でき上がってしまいます。

Mさんのお宅でいろいろご馳走になって作り方を教えていただくのだけれど、私が見習わねばならぬのは、すべてに手を抜かぬきれいな暮らしぶりのところなのです。

「イヤデスネー、うちだって手抜きだらけなんですよ」

って、奥様はおっしゃるのだけれど、手を抜いてどうしてあれだけ美しく暮らせるのか、本当はそのあたりをしつっこく聞きたいのだけれど、教えてくださらないのです。多分私なんかと違って、もっと次元の高いところでの手抜きなのでしょう。レベルがやっぱり違っているのですね。

それに「能あるタカは爪をかくす」ってね。能なき私は、爪どころか歯までむき出しちゃって人様をおどしにかかるのでございます。

大根の葉にふきの葉、魚のアラに臓物もったいなくて捨てられますか！

なんでも丸ごと全貌を食べてしまうことは、健康上大変意義のあることなんだそうです。魚を頭から尾っぽまで食べてしまうことはもちろんのこと、野菜なんかも、根茎葉実、すべてひっくるめてムシャムシャと食べてしまうと、「栄養学的見地」からのバランスもよく、人間という一個の生命体を維持していくには、相手は何であれ、一種類の生命体のすべてを体の中に吸収しさえすればこと足りるのだ、という説を拝読したこともあります。

でも、すいかなんか相手にしたら大変だろうなあーと、頭で食べることのできぬ偏屈人間だから、苦悶してしまうのです。

栄養があれば何だって食べちゃうって人がいます。体に良いと言われれば、鼻つまんででも口の中に放り込む人もいます。

私は目下それほどせっぱつまった不健康状態ではないから、まずいものはいくら体のためであろうといやです。

「ダイコンの葉」を食べているけれど、それはビタミンがいっぱいで体にいいからでなく、おいしいから食べます。ゴミを少なくして清掃局に協力するためではなく、ちゃんとした食べ物だからすすめます。

「それじゃ、ひとつ今夜あたり、大根の葉っぱでも食べてみましょうか」

と、買物カゴさげて八百屋に行ってごらんなさい。

これが無いんだなー。

当節大根の葉を手に入れることは、大変難しいことなのです。気概のある意地っ張りの八百屋さんならともかくごくふつうの店ならば、私たちが大根に出合うときは、時すでに遅く、もう満足な葉はついておりません。

「ネー、葉っぱはどうしちゃったのよー。アタシ、葉っぱの分までお金払ってるつもりなんだけどなー」

と、八百屋のオニイチャンに詰めよると、

「葉っぱ？ 市場で切ってきちゃうんだよ。持ってくるとゴミになっちゃうだろー。ゴメンヨ、これでよかったら持ってく？」

と、台の下からゴソゴソひっぱり出してくれるのは、大根の白い根の名残りが少しばっかりついた、一五センチほどの茎です。

買物カゴにごっそり放り込まれて、何やら私は養鶏所のカミサンになったような気分になってくるのだけれど、捨ててくださったかたのおかげで、タダでいただけたのだから、そう文句は言えないのです。でも、家に帰って買物カゴから取り出すときの気分は、あんまりいいもんじゃなくって、ぐっと所帯やつれなどしたくなります。

だからやっぱり、大根の葉は手にチクチク、バリバリ、ワサッと威勢よくついていてほしいのです。

それでも手にはいらないのだから仕方がない。茎の泥をよく洗い流して、さっと湯がいてみじん切り、ギュッと水気をしぼります。

これをごま油でかるく炒《いた》め、醬油と酒少しの味つけで煎《い》りつけるのです。ちりめんじゃこ、かなぎ、なければだし汁をとったあとの煮干しの身を細かく裂いたものでも良いからいっしょに入れて、ふたをしてしばらくコトコト煮ます。

煮詰まってきたら、今度は箸でかき混ぜながら、大根の水分を飛ばすように煎りつけるのです。といっても、パラパラにしてはまずくなります。大根の葉を箸で一方に寄せ、鍋をかたむけても汁が流れてこないくらいがちょうど良いでしょう。

ほろ苦い大根の葉ならではの味、これで葉っぱがたんとついてりゃ、もっとずっとおいしいのですがねー。

ふきの葉も同様にして煮ますが、これは油を使いません。これもちょっと声をかければ、ごっそりわけてもらえます。

大根の葉もふきの葉も、アダ辛いまでに味を濃くしないことです。ほんの一箸つまむつくだ煮を作ったってかまわないけれど、何でもかんでもつくだ煮にしちゃわないでください。ふきの葉カゴいっぱい、いちいちつくだ煮作ってた日にゃ、醬油何本あったって足りませんから。

どうかすると、立派なかぶの葉まで権利放棄なさっていらっしゃるかたがいるから、これもいただきましょう。

油揚げといっしょに煮びたしにするのなら、小松菜の葉もかぶの葉も、それぞれ味の違いこそあれ、おいしさにおいては優劣つけがたいはずです。

じゃがいもや長ねぎといっしょにコトコト煮て裏ごしして作る「かぶの葉のポタージュ」は、かぶの葉がないとそのおいしさは出ません。

カリフラワーの葉っぱも食べられます。といって、これは私が開拓したわけではなく、友達のダンナがハッスルしてくれました。彼はケールの葉の代用としてカリフラワーの葉を使ったのです。

ケールというのは、一時大流行した青汁にして飲むと大変体に良いという健康野菜です。うちの庭にはこのケールが五、六本植わっています。別に青汁にする目的があるわけじゃなくって、細切りにしてバターで炒めると大変おいしい野菜ですし、その上これは一度種を蒔いてしまうと、二、三年は雨にも負けず雪にも負けずはえつづけるという、不精者にもってこいの野菜だからなのです。

うちではこれを炒めたり、スープにしたりして食べるのですが、このスープに友達のダンナがいたく感激したのです。

鶏のぶつ切りと米、一口大に切ったじゃがいもを、たっぷりの水でコトコト煮て、その中にバターやオリーブ油で炒めたケールの細切りと少々のベーコンを入れます。米がはいるから、スープというよりおじやかな。でもおじやよりずっとご飯粒が少ないからやっぱりスープでしょう。

塩味を適当につけて、このまま食べてもいいけれど、もうちょっと洒落《しゃれ》た味にしようと思うときには、たっぷりのパセリと玉ねぎをみじん切りにして、ひたひたのドレッシングでつけ込んだものを、スープの上からチョンとのせます。なんともいえずおいしいものです。

でもケールの葉なんてそこいらで売ってないから手にはいらないし、植えるっていったって、彼のうちはマンションで、パセリがせいぜいといったところです。

「カリフラワーの葉っぱって、このケールによく似ているから、意外と使えるかもしれないよ、やってごらん」

とは言ってみたけれど、まさか本当にやるとは思いませんでした。

だって、葉っぱつきのカリフラワーなんてどこで売ってる？　白いカリフラワーのまわりにちょいとついているのは、あれは葉というより茎みたいなもの、パックされていりゃ、それすらついていませんものね。

しかし、そういう現実にもめげず、彼は八百屋に注文して、巨大な葉のついたカリフラワーの全貌を手に入れたのです。

この人の偉さはここのとこにあるのです。

特別注文というのは、そのものがいわゆる高級といわれているような品物の場合には、割とスンナリ受けてくれるものです。こちらの知識の深さに、

「ン、この人なかなかヤルネ、ウッカリしたことできないゾ」

と、姿勢を正してくれたりするけれど、一般的にくずみたいに扱われているものを頼んだりしてごらんなさい。ブツブツ文句言いながらでも取り寄せてくれたらオンの字、たいていの場合相手にしてくれませんね。

そういう艱難辛苦を耐えたんだから、エライネー。同じ手に入れるのでも、彼特注、私拾う。差つけられちゃった。

その彼の報告によると、ケールの葉とカリフラワーの葉はほぼ同じ味がするものであり、カリフラワーの葉で作ったスープは、そのとき居合わせた、かなりうるさい味覚をもった大人数人の食いっぷりから見て、大変おいしいものであることが証明されたそうです。

したがってカリフラワーの葉を食べることは、ごみ処理行為ではなく、美味求真《びみきゅうしん》に結びつくことであるとか。スープにしておいしかったのなら、バターで炒め煮してもおいしいはず。茎のところでもいいから食べてみましょうか。つけ合せにするのなら、キャベツより洒落ているかもしれません。

ごみを少なくして、清潔に美しく暮らしたいという気持ちもわかるけれど、食べないのならば、結局はごみになっているのです。家でごみにするか、市場でごみになるか、場所の違いだけであって、ごみにしていることには何の変わりもないのです。

ポリバケツにつっこんでしまえば、ほうれん草だって簡単にゴミになります。

もう一度まわりの見捨てられたものたちを見直しましょう。まず一度は食べてみて、好き嫌いはその先言うこと、取捨の判断は世間の慣習に従うのではなく、自分自身の感覚で決めることとなのです。

魚屋の隅っこには、皿盛りのアラがあります。

「うちのネコにー」

なんて、わざわざ声を大にして言い訳して買っていく人がいるから、とかく扱いが粗雑で、うっかりしていると使いものにならないようなものを買うことにもなるから、厳しく目を光らせて選んでください。

安いものだから少々悪くたってしょうがない、という考えは間違っています。

ひとあたり見渡して、あまり食指が動かぬようだったら、塩鮭《しおざけ》のアラを選ぶと、まず間違いはありません。

このごろ少し高くなって一皿百円、あんまりもの欲しそうにしていると二百円、漁業問題を考えるとこの先もっと高くなってしまうかな。しかし、いかなるときでも、一切れの切り身よりは安いはずです。

まず頭の部分を縦に二つ割りして、次に人間でいえば鼻すじにあたる部分を、薄く目玉のそばまでスライスします。鮭の顔立ちによって、切れる分量が大分違ってくるから、女優のバーブラ・ストライサンドに似た鮭を探すのがお得です。

スライスした鮭は、皿の上にツラッツラと行儀良く並べ、上から酢をジャーッとかけます。鮭が見えかくれするくらいの分量で充分です。

ご飯の仕度の一番最初にやっておくくらいのつけ込み時間が最小限度、あとは酸っぱさの好き好きでいろいろやってください。

昆布でも入れたら、もっとおいしくなるんじゃないかと思いがちだけれど、何でもかんでもだし汁のうまみがベースになっているってのも、ちょいと甘ったれた感じで鼻につくから、こういうものはスッキリシャンと、単刀直入の味でいきましょう。どうしても何かやりたいのなら、せいぜいレモンの皮の細切りを並べて生臭みを消すくらいのことでしょうか。

切り取ったところは鮭の氷頭《ひず》、だからほんの少ししか取れず、まだアラはたくさん残っています。だし昆布と酒を少々入れた水でコトコト煮て、玉ねぎ、じゃがいも、にんじん、キャベツを放り込み、味噌や粕《かす》で仕立てる三平汁もおいしいけれど、そこまでせずとも、ただ水でゆでただけだっておいしいのです。

塩味はそのつど違うから、ゆだったものをちょいと味見して、もし辛いようだったら、一度ゆで汁を全部捨てちゃって、もう一度新しい水でゆでてください。

汁ごとどんぶり鉢に入れて、ドンと食卓に出します。目玉のまわりのトロッとした肉をつついたり、骨つきをしゃぶったり、焼いたものとはまた別のおいしさです。

鮭の話のついでに、こちらは切り身を使うのだけれど、「鮭のでんぶ」、この作り方も頭の隅に入れておくと便利です。

こう鮭が高くなると、切り身なんかうばい合いで、食べ残しなんてことまずないでしょうが、それでもどえらく塩辛くって残すことがあります。そんな鮭を使います。

皮と小骨を取りのぞき、身をバラバラにほぐした鮭を、すり鉢で、煎りごまといっしょにすってみてください。誰かさんの食べ残しのほんのひとかけが、けっこうふくれ上がって、次の食事にはふりかけの一鉢となって、食卓の真ん中に出すことができるのです。

豆腐屋にはおからがあって、最近あちこちでおすすめの声が高くなっているけれど、この普及をはばんでいるのは、作り方がめんどうだということよりも、その入手の困難さにあるのではないか、と思います。

私の友達連中なんかには、食べたい作りたいという人がけっこういるのだけれど、なにせ手にはいらないのです。朝早く豆腐屋に行けば良いのだけれど、その朝早くってのができない事情というものがあるでしょ。おから煮るのにいちいち張り切らなくてはいけないようだと、やはりそんな大ごと、手を出しにくくなりますね。そのあたり誰かチョコチョコッとやって楽にしていただきたいけれど、こういう考えはやはりズボラですか？

顔のきく豆腐屋さんに、前の日豆腐を買うついでにちょいと声かけて頼んでおくより今のところ方法はありませんね。私は朝早くだって豆腐屋にいける身分だけれど、でもどちらかというと、この予約買いのほうが好きです。だって真面目に朝行くと、養豚場のトラックに出くわしちゃうのです。シャベルかなんかで、ドサーッドサーッとつみ込んでいる横で、おからを包んでもらっていると、なんだか豚のえさのおあまり分けていただいているようで、あまりいい気分ではないからです。

一袋三十円ぐらい、でも本当はこれでも多すぎるのです。だからこのあいだ勇気出して、

「十円分ちょうだい」

って言ったら、やっぱり同じ分量入れてくれて、ということは、このあたりのこと、豆腐屋にしてみりゃどうでもいいことみたいですね。子供がいくと三十円でひとかかえも、もらってきますからね。といって図にのって、十円分を毎回やるわけにもいきません。

おからはよく残った魚の煮汁で煮つけたりするけれど、私はあまり好きではありません。少々手はかかるけれど、ちゃんとだし汁とって、うす味で煎り煮します。

おからはその日のうちに料理しないといたみます。まず中華鍋にサラダ油を入れて、おからを炒めます。大変こげつきやすいから、弱火で気長に、全体がふんわりするまで、このときのズボラはあとの持ちにひびきますから、充分火を通してください。塩と砂糖を、それぞれほんの少しずつふり込んでおきます。

さて、この中に細かく切った具をいろいろと入れます。にんじん、たけのこ、油揚げ、椎茸、しらたき、せり、ねぎ、というと、

「たかだかおからを料理するのに大層なこと、おからは安くても、結局高いものにつくじゃない」

と、言われてしまうのですが、どれもこれもほんの少しずつの用意でよく、ざっと読んでお気づきかもしれないけれど、鍋料理に使うものがほとんどです。だから鍋料理をするとき豆腐も買うだろうから、そのついでに明日のおからを頼んで、中の具は鍋用のものからちょいちょいとつまみ出して、こうすりゃ大げさにはならないはずです。

具はすべて細いせん切りにして、酒、醤油で味をつけただし汁で、それぞれ歯ざわりを残す程度に煮ます。これを煎ったおからの中に入れて、もう一度全体に火を通してでき上がりです。

具だけをおからの中に入れて、パラパラに仕上げるとおいしいのだけれど、これは食べるとき少々苦労いたします。食事中、誰かがおかしなことを言ったって、絶対に笑うことができないのです。これは大変つらいことなので、このごろは煮汁も入れて、笑っても吹き出ることのないように、しっとりと作ることにしています。

肉屋のはしっこものはモツです。レバーなんかはもうあちこちで言いつくされているから、手にはいりやすいところで、白モツの料理といきましょう。一度ゆでて切ったものが、パックにされて売っているから、これを買ってきます。

ねとねとした白い脂は、ていねいに取りのぞいてしまって、酢と塩、あればおからも少々加えて、ゴシゴシもむようにして洗います。これを水で一度すすいで、細い糸切りにしておきます。

鍋に汁を作るときより少なめの水を入れ、にんにくとしょうがのみじん切り、日本酒かしょうちゅう少々、そして白モツを入れ、コトコト煮ます。

この中に味噌を、味噌汁のかげんより少し濃いめに溶かし込み、二つ切りにした木綿豆腐を入れます。長く煮込んで味をしみ込ませても、豆腐に火が通ったくらいのところで食べても、それはどちらでもお好きなようにしてください。

火からおろしぎわに、長ねぎかわけぎを薬味より大きめに小口切りにしたものを、下の汁が見えなくなるほど大量に入れ、ひと煮立ちするかしないか、ねぎが半生くらいのところで火をとめます。

汁というより、豆腐の上に汁気の多いミートソースがかかっているというのができ上がりの感じです。味をまるくするために黒砂糖を加えてもいいし、食卓で七味をふりかけたり、まあそのあたり好きにやってください。

モツを食べるというと、ひどい人は、

「へー、ゲテモノ食いが趣味ですか」

なんて言ってくれるし、それでなくたって「スタミナ」だの「ホルモン」だのと、脂ぎって、

「根性、根性」

と、叫ばなくてはいけないように思っている人たちがいます。

そういう偏見をお持ちのかたは、タン（舌）でも召し上がって、考えを改めていただきたいものです。

しかし、タンをゾウモツと言ってしまってもいいものかどうか。まあ内臓につながっているのだし、口をとじれば一応は体の中にはいってしまう、デパートでもモツ売り場に並んでいるから、いいんでしょう。

レバーなどに比べると少々値は張るけれど、それでも肉と比べれば、やっぱり大変安いものです。シチューにするとおいしいのはご存じでしょうから、ここでは丸ごと一本使う、

タンの塩漬をしてみましょう。

タンは丸ごと一本、皮をつけたまま買ってきます。塩を三〇〇から四〇〇グラムぐらい、香りづけとして、月桂樹の葉、タイム、セージ、粒こしょう、玉ねぎ、にんじん、パセリを用意します。

でき上がりの色を鮮紅色に仕上げるため、塩の中に小さじ一杯の硝石を混ぜ込む方法もあるけれど、これを手に入れるのは、当節少々難しいことなのです。薬局にもこのごろはおいてなく、あまりこれをしつこく尋ねまわって探すと、「爆弾魔」と間違えられ、ブラックリストにのってしまうから、気をつけましょう。

まずタンはキリでブツブツ穴をあけ、二握りぐらいの塩をまんべんなくすり込み、ゴシゴシともみます。全体がプリプリするような感じになってきたら、これをザルに受けて、しばらく放置しておきます。

このタンを別に作った漬汁に漬け込みます。水は一、二リットル、タンの大きさ、容器の形で違ってくるから、まあそのあたり頭を使ってください。この中に玉ねぎ、にんじん以外の香料を全部入れ、一度煮立て、いい匂いのスープを作ります。これを完全に冷ましてから、さっきのタンを残りの塩でさらに塩もみしてその上からザーッとかければいいのですが、かなり大量の塩故、溶けぬこともあるので、私はあらかじめ、香料といっしょに塩も煮溶かしてしまった塩スープを作ります。塩の分量は水の一五〜二〇パーセントぐらいが安全でしょう。

漬け込む容器は、ガラス鉢か瀬戸引ボールのような、金気のないものならなんでも、すり鉢も重宝します。

まず玉ねぎとにんじんの薄切りの半量を底に敷き、その上に塩でザラザラになっているタンをのせ、さらに残りの玉ねぎ、にんじんを覆うように散らし、よく冷めたつけ汁を、香料ごとたっぷりそそぎ込みます。漬汁の中にタンも野菜もかくれてしまうようにします。露出していると、そこからカビがはえたりすることがあります。

重しのために何枚か重ねた皿を上にのせ、ラップでおおいをして涼しい所に置きます。気候のよいときで一週間、腐敗がどうしても気になるかたは冬場おやりになってください。その場合は一週間から十日ぐらい漬けます。

漬け上がったタンは一度水で洗い、たっぷりの水で、二、三時間ゆでます。もちろんこの水の中にも、いろいろ香料を入れます。柔らかくするためと塩出しの目的があるから、大きな鍋のないかたは、三十分ぐらいゆでて一度水を捨て、改めてゆでるようにしてみてください。

このあたりは何度かやってみて経験でつかまなきゃならないところだけれど、でき上がったタンはほのかに塩味がついている程度、辛かったら、もう一度水の中にぶち込んでゆでて塩抜きして、まあ一度やってみりゃわかることです。

タンの皮は熱いうちにむいてください。スルリと面白いようにむけてしまうものです。作っている途中で、

「スルリとむけるって言ったけれど、いったいどこがむけるっていうのよー」

って、電話をかけてきた友達がいたけれど、よーく聞いてみたら、最初から皮なしのタンでやってるんです。これではむこうにもむけるわけがない。肉屋では皮をむいたもの売っていることのほうが多いから気をつけてください。

ハムと同じようにして食べます。このタンを使ってシチューを作ったってもちろんいいのです。

薄切りのタンを何枚も重ねて、玉ねぎといっしょに、ライブレッドにはさんで、辛子もたっぷりつけて、エイッとかぶりつけば、これぞまさに大人の味のサンドイッチ。

「子供向きじゃないの、やめとこ」

なんて思ったりしないでください。

そういう考え方で食べ物を選ぶのは、つまらないし、いけないことだと思います。うちの子だって、塩タンよりも魚肉ソーセージや皮なしウィンナなんてものが好きです。

それでいいじゃありませんか。

スパイスやぶどう酒をふんだんに使ったややこしい味を、そうご幼少のころから理解して覚え込まれちゃったら、行く先恐ろしくって、とってものんびりいっしょに暮らしてい

けなくなっちゃいます。食べなくたっていいのです。たとえ今は食べなくたって、親がいろんなものを食べているのを見ながら育てば、少なくとも食べ物に対して偏見を持つことだけは防げようというものです。

偏見さえ持っていなければ、先々のいろんな出合いの中で自分で処理していけるはずです。昨年は見向きもしなかったタンに今年は箸がのび、近ごろではときどき催促したりするのが、うちの子の場合だけれど、少々やりにくくなってきたぞと思ったって、魚肉ソーセージも食べてくれるから、イイネー子供って。

タンというと、形に恐れおののいて手をひっこめる人がけっこういるものだけれど、あまりしげしげと見つめるからいけないのです。いろいろ想像たくましくできるってのはいいことだけど、そういう優れた能力は、別の場所で発揮させましょう。イカだって、じっと見つめててギャッといって飛び上がった人がいるんだから、深く考えぬことです。

と、今は大きな口をたたける私も、正直申せば最初は恐ろしかったのです。

とにかく私の育った家では、台所に丸のままの内臓が鎮座しているというショッキングなことは、一度もなかったのです。亭主が親切心で持ってきてくれたタンの塩漬も、スライスしてあれば食べもしたけれど、その残った舌先三寸ラップに包まれて冷蔵庫にはいれば、さあ困った、扉があけられないのです。といってあけなきゃ牛乳一本飲めず、あらぬ方向を向いて、手さぐりで取り出したことがあります。

しかし亭主の家は食べ物に偏見を持つなどもってのほか。亭主の妹は特異体質だの偏食だのといわれていたけれど、いえ、たかだかごぼうと椎茸が嫌いなだけ、それも無理すりゃ食べられる程度なのです。

だから私の恐怖など誰一人として気づくはずもなく、

「ハイ、これをおからと酢と塩で、もみ洗いしてください」

と手渡されたビニール袋をあけてみれば、牛よりは大分小さいけれど、豚の舌が、しかもこちらは、食道から胃と、とめどなく、ゾロゾロとつながっているものがはいっていました。

私一人キャーキャー言うのもみっともないので、覚悟決めて、そして何回かやっているうちには慣れて、別に食いついたりするものでもないことがわかり、食べ物のわけへだてをする愚かさに気がついてくるのです。

魚を高級魚と下魚《げざかな》に区別したり、同じ大根を上下で差別したり、こういうことは愚かしいからすべてやめましょう。そして、こういう偏見から生まれた固定概念で、次の世代の人間の味覚をしばりつけるのもやめましょう。すべておしなべて公平な目で見られるよう、口ではなく、態度で示さなくってはね。

ご自身に植えついてしまった偏見は、そう、ほんの少し生活を苦しくしてごらんなさい。背に腹は変えられぬっていうから、高級だの低級だの言っていられないはずです。

私はたとえオナシスのようになろうとも、鮭の頭を探しに魚屋の前をうろつくことはやめたくはありません。

料理は知識じゃなくて体験
異国の料理ともどんどん仲良くしましょう

やれタイムだ、やれセージだのと、ウチの料理にはやたら妙な名前の香辛料が登場して、慣れぬ人は、それだけでびっくりぎょうてんしちゃうのだけれど、ご安心ください。本当のことというと、使っている本人だってあんまりはっきりしたことはわかっちゃいないのだから。

ためしにうちにある香辛料を、片っぱしから大きな紙の上にでもぶちまけて、

「さあ、これを元のビンに戻しなさい」

って、香辛料テストみたいなことやってごらんなさい。

私きっとメチャクチャ間違えますよ。

クミンだの、ローズマリーだの、いきなり言われたって、

「ン？　何だっけ、エート、エート」

で、肝心かなめの香辛料としての匂いすら、すぐには思い出せないのです。そんなあやふやなものをどうして使うかというと、慣れるためです。

香辛料を自由自在に使いこなせるようになるには、とにかく使って覚えていくほか、方法がないのです。「スパイスの本」を穴のあくほど読んでみたところで、これは実際使ってみないことには、匂いも味も全くわかりません。

知識のほうから入り込んでいくってのも、物事を覚えるための一つの手だけれど、料理の場合は体験でいったほうが手っ取り早いのです。その上で本などで造詣を深めれば、これは鬼に金棒、

「耳年増《みみどしま》！」

などと陰口をたたかれずにすみます。

なんで慣れなきゃいけないかというと、おいしくするためです。

「新鮮な魚菜の持ち味を生かすことこそ、料理の真髄であって、香辛料などああじゃこうじゃと入れるのは、臭気がただよう肉を食わねばならぬ民族の、悲しい知恵じゃ、日本にはそんなもの必要とせぬわ」

と、おっしゃる説もごもっともで、できれば私だってそういう暮らしをしてみたいけれど、今の世の中、ごくごくあたり前の暮らしをしている私たちが手に入れる材料は、そのものの持ち味だけに頼っていればこと足りるってな具合にはいかないものが多いのです。

新鮮であるということ自体が、これはもうすでに手に入れにくい貴重な価値になりつつあるのが現状です。

お年を召したかたは、

「このごろは何でもかんでもまずくなったね。形だけは立派だけれど、ホントの味がしないね」

と、よく嘆いていらっしゃるけれど、味覚の第一歩が代用食で始まったような世代の私には、その「ホントの味」ってあたりも、よくはわかっていないんじゃないかなと、ひがむことがあるのです。

地鶏がおいしいと聞かされたって、口の中にはその味が全く浮かんできませんね。知らないもんねー。鶏肉といわれりゃ、やっぱり思い浮かべるのは、皆さん軽蔑なさるブロイラーの味です。そしてそのブロイラーと取っ組まなければならないところに暮らしがあるのです。

お年寄りは、古き良き時代に思いを馳せて、失なわれた地鶏の味を懐古しながら、ニガ虫かみつぶすようにブロイラーに不平言っていてください。

振り返って懐かしむほどの過去をまだ持っていない私たちは、今と、来る日のことを考えましょう。

地鶏がショーケースに並ぶ日がくると思いますか？

冬の市場から、トマトとなすときゅうりが姿を消す日がくると思いますか？

自然の流れに逆らわぬ収穫の中だけで暮らす日が再びくるとしても、その日までブロイラーを、冬のトマトを拒否しつづけることができますか？

地鶏の味は知らない私でも、夏の日の青臭いトマトのおいしさは知っています。陽をいっぱいに浴びた苺《いちご》の味を知っています。だから頑固に意地を張っていたけれど、それらが高価な間はその姿勢を保つのは楽でした。別に主義主張をふりかざさずとも、とにかく手が出なかったから。

ところがね、栽培技術がどんどん進んじゃって、安くなってきちゃったでしょ。弱いんですよこうなると。それで、情けない話、買っちゃうんです。

節操がないっていうか、毅然《きぜん》とした主張がないっていうか、ゴメンナサイ、です。

その上、一方では「食糧危機」だのと、恐ろしいことが叫ばれていたりすると、冷凍、冷蔵、温室栽培、もうしょうがないじゃないか、って気もしたりするのです。

そしてまた一方で、時満ちて熟れた自然の味に出合うと、

「やっぱりこれが本当の姿よ、無理して自然をねじまげたりすることは、間違っています。私たちは、これを守ることに努力せねばいけないのです」

なんて思ったりして、アーア、困っちゃいます。

ごまめのハギシリも集まれば地をもゆるがす轟きになるかもしれぬと、祝い文字のイレ

ズミをしたばかばかしいリンゴは買わぬという抵抗はしているけれど、ブロイラーは食べないというわけにはいかないのです。

そして、どうせ食べるのなら少しでもおいしく食べようと努力したいのです。塩ふりかけて焼いただけじゃおいしくないから、にんにくぬったくったり、しょうがふりかけたり、工夫を加えます。新鮮さや持ち味に頼るところの多い我が国の料理法だけじゃ間に合わないから、洋の東西、アチコチの知恵に手をのばすのです。

魚を煮るとき、生臭みを消すためにしょうがを加えることを、特別のことと思わないのは、つき合いの度が深いからです。それが耳慣れぬ横文字香辛料だと、手が出しにくくなるのは慣れていないから、ただそれだけです。

アッチの国も、コッチの国も、やっていることは同じです。あえて違いを探すのなら、コッチの国では、そのものの持ち味をそこなわぬような範囲での繊細な使い方が多いのに対して、アッチの国では、ときにそのものをガラリと変貌させるくらいの強さで使うことがあるというところでしょうか。

ゆず、しそ、山椒を使うがごとくに何気なくというところまではいかずとも、異国香辛料に慣れ親しむことは、身につけておいて決して損のない知恵なのです。

異国と申したからといって、いきなりヨーロッパくんだりまでに手をのばして、ア・ラ・ナントカ、カントカと張り切らずとも良いのです。お隣りの国、韓国あたりから始めてみましょう。

と思って、参考のために「韓国料理」の本を探してみたけれど、この本の実に少ないことに驚きました。街をチョコチョコッと歩けば必ずといっていいほど見つかる「焼肉」の看板の数に比べ、それを紹介する本は、品集めの力を誇る巨大な書店でようやっと一冊見つかったにすぎません。

かといって、韓国料理というものが、今さら作り方の説明を必要としないくらいポピュラーなものとして日本の家庭の中にはいり込んでいるかというと、決してそうではありません。

私の家を含めて私のまわりにいる人たちのほとんどが、日常のお惣菜の中にかなりの頻度で、中国風あるいは西洋風料理を登場させているにもかかわらず、この隣国の料理は、「焼肉屋」料理と思っているのが現実です。

ようやっと手にした一冊の本で知る限りだけれど、この韓国料理は使われている材料が日常私たちが手に入れているものと酷似しているのに驚きます。そして料理の出発点においては同一のものが、酢、油、醬油、砂糖と、調味料までもほぼ同じようなものを加えるにもかかわらず、最終的にはまるで違った料理に分かれてしまうのは、ただただ香辛料の使い方一つによる、と言っても過言ではありますまい。

韓国料理においてこの香辛料、というより薬味といったほうが適切かもしれないけれど、これは薬念と呼ばれ、とにかくこの使い方が華々しいのです。ねぎ、にんにく、しょうが、すりごま、ごま油、といったものはほぼすべての料理に使われていて、加えて唐辛子、辛子の類、と、こう並べていっても、そのどれ一つとして、私たちにとって目新しいものではないでしょ。どこの家の台所にだって、このくらいのものは揃《そろ》っているはずです。

だからごく手近な材料でできる韓国料理からはじめていって、まず香辛料の力の効果のほどを認識していくことです。

といって、いろいろご紹介できれば、私の言っていることも説得力をもってくるのだけれど、こういうことに気がついたのが私にしたってごく最近のことで、ただ今いろいろためしている最中。作りながら、どこまでいってもねぎ、にんにく、しょうが、ごまの登場がつづくのを、面白がっている程度のところです。

海草をよく使うあたりも日本の料理に似ています。もどしたわかめをザク切りにして、みじん切りのにんにくとごま油をふりかけたせん切りの牛肉といっしょに炒《いた》め、その中に水をジャーッと入れて、しばらく煮てスープにうまみを出します。これにねぎのせん切りを加え煮たて、塩、醬油で味をととのえ、ごまをパラパラッと散らして、「わかめスープ」です。

わかめはかなり大量に入れるけれど、牛肉は四、五人分を作るとしても一五〇グラムというあたりがうれしいですねー。

このままスープとして食べていいのだけれど、ウチではどんぶりにあたたかいご飯をよそって、上からジャーッとかけて、「スープご飯」、いわゆる「クッパ」というものにします。モヤシを足してみたり、とき卵を流してみたりすることもあります。辛いと泣いちゃう子供にはこのまま、大人は唐辛子味噌をどんぶりに入れて、ピリッと味をしめます。

料理の道の大家ではないから、いろいろ詳しくお教えできないけれど、とにかくお隣りの国「韓国」の料理をもっともっと積極的に取り入れることを、声を大にしておすすめします。あれこれ料理の本を買っていらっしゃるのでしたら、その中にぜひ一冊「韓国料理」の本を加えてください。

ごく身近な香辛料を使うことに慣れたら、もう少し遠出をしてみますか。「インド」、これはもう香辛料でぬったくられたみたいな国ですね。今さらゴシャゴシャ言わずとも、カレーの一言でおわかりいただけますね。

このカレーにおける香辛料の使い方たるや、ひとふりパッパ、なんてものじゃなくって、香辛料自体が一つの独立した材料と思えるほどオッソロシクたくさん使うのです。

カレー粉とか、固型ルーを使わずに、香辛料をあれこれ自分で混ぜ合わせるカレーを一度作ってみると、香辛料にまつわるいろいろな話、たとえばそれで戦争が起こったとか、誰かさんが一財産築いちゃったとか、そのあたり、私たちには神話みたいな話が、実感と

して、

「アア、ナットク」

と、わかってきたりするのです。

割と最近まで、私はカレーの木というものがあると思い込んでいました。でもいろいろ情報が飛び込んできて、それが数種の香辛料を混ぜ合わせたものであると知り、それでも持ち前の野次馬根性を発揮しなかったのは、世の中、固型カレールーにかたむいていて、カレー粉使ってカレー作るだけでも大きな顔をしていられたからです。

その上、最初に私が参考にしようとした雑誌の「カレー特集」に、

「バラバラな香辛料を使っても、結局のところカレー粉を使ったのとたいして変わりません」

なんて、ガックリくるようなことが書いてあったからです。

そんな労多くして効少なきことに、不精者の私が手を出したのは、まわりの人間に調子よくのせられた、いわば実験台、犠牲的精神というやつです。めんどくさがりやの人間が、世の中での存在価値を持てるのは、こういうときで、私がやってみて、

「スッゴク、カンタンよ、やってごらん」

と保証したら、友達連中安心して手がけられる、という一つのバロメーターになるのです。

で、結論から先に申し上げると、それは簡単にできてしまって、煮込む時間も含めて、三、四十分あれば充分というお手軽料理でした。それで味はというと、市販のカレー粉を使ったのとは全然違います。

食卓でガリガリと胡椒をひくのは、その辛みといっしょに香りを大切にするため、ということはよく知られているけれど、香辛料を混ぜ合わせたカレーには、これと同じことが言えるのです。

カレーというと、辛さのみがやたら重要視され、その辛さにどれだけ耐えられるか、まるでガマン大会のようなことが行なわれ、本格を好む人ほどその傾向が強い感があるのだけれど、あの辛さを作りだしているのは、唐辛子の力によるところが大なりだから、辛さのみ強くしたいのなら煮込むときにドンドコ赤唐辛子をぶちこめばいいのです。

しかし香辛料カレー（妙な言い方だけれどわかっていただけますね）は、それはいい香りのするものなのです。カレーにカレーの匂いがあるのも、これまたあたり前みたいだけれど、その匂いがもっともっと新鮮でさわやかなのです。そしてこの香りの新鮮さは、時間とともに少しずつおとろえていって、従ってカレーは前の日作っておいて、翌日食べるという常識がくつがえされるのです。

もちろん、このカレーとて翌日に持ちこせば、味のまろやかさが加わって、また別のおいしさになるけれど、香りを楽しむのには、やはりその日に作ってその日に食べるのが一番です。

インド料理に造詣の深いかたからは、

「フン！」

と一笑に付されるかもしれないけれど、別にインド料理を作るつもりではなく、香辛料のおいしさを味わうために、インド料理の一つである「鶏のカレー」を作ってみましょう。

鶏肉は、骨つきと骨なし半々にして一キロ、玉ねぎが大一個、トマトは中一個、プレーンヨーグルト三分の一カップ、香辛料以外に用意する材料はこれだけです。

香辛料はビックリするほどたくさんはいるから、順を追って出していきます。

まず、カレーを作る前に「ガラム・マッサーラ」というカレー粉の原形みたいなものを作ります。これに使う香辛料はすべて粉末でない形のままの、たとえばシナモンなら棒状のものになります。

シナモン一、クローブ二、クミン二、コショウ二、コリアンダー一、殻つきのカルダモン四の割合で用意します。

これを重ならぬように大きく広げ、九〇度にあたためたオーブンの中に入れ、ときどきかき混ぜながら三十分煎《い》ります。ということは、ごく弱火でほうろくで煎っても良いし、中華鍋やフライパンを利用しても良いのです。いずれにせよ、こげ目をつけないよう気をつけていることが大事です。

煎り終わったら、カルダモンのみ殻を取りのぞいてしまい、すべてをいっしょにしてミキサーに入れ、粉々にくだいて粉末状にします。少々時間がかかるけれど、すり鉢でもでき、むしろこの方法のほうが、石うすを使って作るインドのやり方に近いでしょう。

こうして作った「ガラム・マッサーラ」は、ビンの中に入れ、室温で保存して半年ぐらいはもつそうだから、半年に一度こんなものを作って本格ぶっていい気分になるのも楽しいですよ。毎回毎回インドカレーを作らずとも、ルーやカレー粉で作ったカレーに、これを一さじ加えるだけだって、おいしさはかなり変わってくるはずです。

さて、いよいよカレーに取りかかります。鶏肉に塩を小さじ二杯ほどふりかけ、コップ半分の油を使って、肉が白くしまってくるまで炒めたら、肉だけ別の皿に取り出しておきます。

鍋の油はそのままにしておき、それでみじんに切った玉ねぎ、にんにく大一片、しょうが小一片を、きつね色になるまで炒めます。この中にアレコレと香辛料をぶち込むのだけれど、たくさんあってうろたえ、あわてふためくから、私はここでいったん火を止めて、気を落ち着かせます。

ここで使う香辛料はすべて粉末状のものです。

クミン、ターメリック、コリアンダー、赤唐辛子、これらをすべて茶さじ山盛り一杯ずつ、そしてフェンネルだけは小さじ半分ほど鍋に入れます。

忘れ物がないか確かめたら、再び火をつけ、大さじ二杯くらいの水を加え、一分ほど炒めます。

この中にトマトのみじん切り、ヨーグルト、塩少々を加えて混ぜ合わせ、さきほど取りわけておいた鶏肉を汁ごと全部入れます。水もコップに一杯弱加え、グツグツ煮たてながら、ソースを肉にからませ、そして最後にあの「ガラム・マッサーラ」を茶さじにたっぷり一杯入れて、ピッタリふたをして、二十分くらいコトコトと煮込みます。

これででき上がりです。もちろん塩かげんは自分の責任で調節してください。

これをご飯の上にかけて食べるのですが、そのご飯のほうも本格でいきたいのなら、「サフラン入りライス」を作ります。

お米をしつこく洗い、ザルにあげて水気を切っておきます。サフランはひとつまみを細かく切り、熱湯少々を入れ、色出しをしておきます。ついでのことに言っておくと、サフランは薬局に行って、漢方薬用のものを買うのが一番安上がりな方法です。料理用のを買うと、それだけで意気消沈してしまいますから。

厚手の鍋にギー、といってもなかなか手にはいらないし作るのもめんどうだから、バターを多めにとかして、こげない程度に熱くなったら、シナモンの棒一、二本、クローブを丸のまま四、五個、玉ねぎ一個のみじん切りを入れ、色づくくらいまで炒めます。

この中に米を入れ五分くらい炒めたら、米と同量、あるいはほんの少し少なめくらいの熱湯を入れ、強火で沸騰させながら、黒砂糖少々、カルダモン三個、サフランを汁ごと加え、全体静かに混ぜ合わせたら、ぴったりふたをして、あとはご飯を炊く要領で炊き上げてください。

実際にやってみれば、ナーンダというほど簡単なことなのです。読むとややこしく感じるのは、変な名前の香辛料がいっぱい出てくるからです。ガラム・マッサーラさえ用意しておけば、このカレーは三十分ぐらいでできてしまうのです。いえ、ガラム・マッサーラなしでも、かなりおいしいものができ上がります。私この間入れるの忘れたけれど、それはそれで大変おいしくいただきました。

この分量でやると、ギャッというほどには辛くありません。だから、辛さ信奉者には唐辛子をもっと多くするとか、丸のままタカの爪をジャンジャン入れちゃって、口と目と両方で辛さを感じていただくとか、好みでいろいろやってみれば良いのです。

他の香辛料もいろいろ割合を変えて、そのあたりに家庭の味が出てくるのだろうけれど、うちではこのカレー、まだまだ歴史が浅く、いろいろ入れている香辛料の一つ一つ、どれがどのように味に影響を与えているのかサッパリわからないのです。だから今のところ手の出しようがないのです。場数を踏んで慣れていく以外に方法はありません。

インドの人は、私たちが目の前真っ暗になるほど辛いカレーの味の中からも、一つ一つの香辛料の効き方を微妙に感じとれるとか。

「ヘー、インド人の味覚ってすごいのネー」

と、感心したりすることはありません。

私たちだって、かつおのたたきにいろいろ混ぜられている薬味の一つ一つ、いちいち形を探らずとも、口に含んだだけで、何がはいっているか、何が足りぬか、そのくらいのことはちゃんとわかっているのだから、それぞれ慣れ親しみ方の度合いの違いに過ぎぬことです。

これを作るようになったからといって、うちの台所から混合カレー粉が姿を消したわけではありません。

このカレーはどちらかというと、大ゴチソウカレーです。なぜなら、香辛料を揃えるのに、どえらい資本がかかるためです。もっとも、一度揃えてしまえば、かなり長く使えて、総計して一回分を割り出せばたいしたことはないかもしれないけれど、それでもとにかく最初に大変な思いをすることには変わりありません。

私の惣菜予算からはちょいと手が出ないのだけれど、幸い私には買物好きの連れ合いがおりまして、この人だまくらかして大体のもの揃えちゃいました。

「私、本式のカレー作ろうかなって思っているんですけれど、ここいらあたりじゃなかなか香辛料売ってなくってねー。スミマセン、おついでのときでけっこうですから、都心のスーパーマーケットあたりで、お願いできますか……」

ウソよね、これは。電車でちょっと行ったデパートに全部おいてあるもの。それで亭主は最高級のものをズラリと買ってきてくださいまして、

「全部でいくらでした。アラッ、そんなに高かったの。ごめん、今払えないわ」

と、値段を知らなかったなんてこれもウソ。そしていずれ払うふりはしても、そのうち相手には忘れていただくつもり。すると、

「イイヨ、同じ家の中の財布じゃないか。どこから出たっておんなじサ」

と、おうようにかまえてくれて、助かった！

この回すべて、亭主のプレゼントでまかなえたからといって、同じ手は何回もつかえないから、今手元にあるものは、ケチケチと大事に使うつもりなのです。

この手の香辛料は洒落《しゃれ》た感じのビンにはいっているから、使用目的もなしに、まあいってみりゃコケオドシの手段として、台所のムード作りのインテリア小道具に買っている人がいるくらいなのだから、それならいっそ、目標をカレーのためにと定めて集めるのも一つの方法です。めでたくワンセットで揃いましたら、晴れてカレーを作ってください。同じコケオドシに置くのでも、作っている様子がうかがわれるほうが、迫力があるというものです。

香辛料カレーをそうはしょっちゅうやらないのは、そういう資本の問題がからんでいることも原因だけれど、

す。

「これでなくっちゃカレーじゃありませんよ！」

という、偏狭な考えでカレーというものをとらえたくないという思いがあるためなのであります。

世の中にカレーほど、一つの料理を作るのにいろいろな方法をもっているものも他にはありますまい。

一番簡単なところでは、ハサミ使って袋を切るだけですんでしまうことから、ルー、カレー粉、そのカレー粉を使うあたりだって、サラサラ派あり、ドロドロ派あり、ネバネバ派あり、十人いれば十通りのカレーができるに違いないのに、またその好みの違う十人に一種類のカレーを出しても、なんとなくみな満足してしまうあたり、実に不思議な食べ物です。

そしてまた、老若男女、全国津々浦々、これほど万人に普及しているのも他にはなく、いかにラーメンといえどもカブトを脱ぐのではないでしょうか。立ち食い屋にあって、学生食堂にあって、一膳メシ屋にあって、スキー場にあって、そば屋にもあって、ラーメン屋にもあって、食堂車にあって、スナックにあって、この全国制覇たるや恐ろしいほど。

あれこれ選ぶのがめんどうなとき、まあ無難なものでと食堂で食券を買うのもカレーなら、ご飯とカレーを別々に盛り、給仕をしてもらいながら銀の匙で口に運ぶこともできるのがカレーです。

私の父親が、「お子様ランチ」の次に外でご馳走してくれたのもカレーでした。「たまには親の仕事場でものぞいてみんかね。昼メシぐらいはごちそうするよ」と、珍しくお誘いがあったから、食い気一方の年ごろだったし、よせばよかったのに友達までさそってホイホイと出かけていったのです。

最初からカレーをご馳走してくれると言ってくれたら、丁重にお断り申し上げたのだけれど、メシと言ったから行っちゃったのです。まあ父の人となりを考え合わせりゃ、どっちだってたいした違いはなかったのだけれど。年ごろの娘をわざわざ誘い出すのだもの、チョイと洒落たレストランかなんかに連れて行ってくださるのではないかと、こう常識的に期待したのが間違いのもとでした。

父の勤めていたのは大学で、その学校は武蔵野のド真ん中にはあったとはいえ、それでも駅前にはステキなお店のいくつかはあったのですがね。

花恥じらう二人の乙女は、学生食堂に案内され、AランチかBランチかの選択権すら与えられずに、

「マアマア、まかせなさい。ここで一番おいしいものを持ってきてやるからね」

と、あぶなっかしい手つきで運んでくださった「ライスカレー」を、有無を言わさず食べさせられたのです。

人様にご馳走していただくのだから、何であれ、文句を言っちゃいけないのはわかって

いるけれど、三人分で百五十円しかかからなかったことをケチと言うつもりもないけれど……。

せめて食後にコーヒーくらいはほしかったのに、

「駅前にコーヒー屋があったろ、あそこはなかなかうまいコーヒーを出すよ。帰りに寄ってごらん」

濃く入れすぎた紅茶をコーヒーだと言われて出されれば、コーヒーと思って飲んじゃう父に、どうしてうまい店の判別がつくのでしょう。

「あなたのお父さんって、冗談ウマーイ」

と、友達はキャッキャ笑いころげて、父は変な形で株を上げて、私は恥かかずに済んだけれど、実を言うとあれは本気だったのです。あのウドン粉ネバネバの学生食堂の「ライスカレー」こそ、父にとってはまさしく本格的洋食であったに違いありません。父は明治の生れでしょ(といって明治生れの感覚がすべて父と同じとは言いませんが)。だから、ソースとご飯が別々に出てくるような、「カリー」は邪道としか思わないようなところがあるのです。

学生食堂のカレーを、人にご馳走するための食べ物のランクの中に入れるのはごく特殊な例であっても、この料理のもつ柔軟性というものと面白おかしくつき合うのは楽しいことです。

ご飯に合って、そばにもうどんにも合って、スパゲッティにもパンにもくっつけられちゃうなんてもの、他にありますか。

だからカレーとはこうであるものと、個人的、あるいは家庭的な作り方を決めてしまわないで、もっとアッチコッチ手を出してみたらどうでしょう。固型ルーで気軽に作るのももちろんけっこう、でもたまにはカレー粉を使って、さらにできれば香辛料を使ってみませんか。

再び話を香辛料にもどすけれど、この香辛料はすべて薬用効果を期待できるものなのです。簡単に言えば「体のためになるもの」ばかりなのです。韓国料理でこれを「薬念」と称するのは、体のためになるよう念じて使うところからきているそうです。インド料理に使う場合もそれは同じ、だからことさら「健康食品」云々を考えずとも、日常の料理の中にどんどん香辛料を取り入れていくことで、しぜんと体のためになっていくのだから、これはありがたいことじゃありませんか。

いいかげんなものを食べて、「ニンニクエキス」なんか飲んでいるより、にんにく使っておいしくして料理食べるほうが楽しいし、ちょいとおどかすことを言うけれど、風味づけ程度にカレー粉を使ったインスタントを食べつづけている人と、生薬で煮込んでいるようなカレーばかり食べている人と、長い間にはその健康状態の差、出てくるんじゃないかなー。

と、これは家族の食事内容の全権を握っている私へのいましめでもあります。

手近な材料でできる韓国料理と仲良くして薬味が料理に与える影響のほどを認識し、次にごく身近な料理であるカレーの中で、横文字香辛料に慣れて、こうやっていくうちにはオレガノだのアニスだのと言われたって、いちいちびっくりしなくなる度胸がついてくるはずです。

世界地図をパッと広げて、そのお好きな国のどこから始めてもいいから、異国の積極的香辛料の使用法と少しずつ取り組んで慣れていってください。

しつこくくりかえすけれど、香辛料の使い方は、頭で考えているだけでは覚えません。間違ったってかまやしません。とにかく使ってみることです。

ヌカミソ漬けられない悪妻でも梅干なら簡単、簡単！

「おいしい漬物があれば、あとは何もいらないよ」

と、おっしゃるかたがいます。

「家に帰ると、おふくろがどんぶりいっぱいのヌカヅケを出してくれるのが、何よりの楽しみでね」

と、アパート住まいの学生さんが懐かしそうに話してくれます。

漬物と味噌汁とご飯、一汁一菜のもっとも基本的な形だし、とにかく一回の食事はこれだけで何とか恰好つけることができます。

漬物が上手に漬けられる奥さんは、それだけで株がグーンと上がって、あとのことは少々ひどくったって、何とか目をつぶってもらえる風潮が世間にはあるのだから、悪妻ぶりをカモフラージュするにはなんとももってこいの話で、これを利用しないっていう手はないのだけれど、私はこの「漬物」ってのが苦手です。

ホラ、これで、今まで偉そうにああじゃこうじゃとほざいていたこと、すべて信用されなくなってしまうでしょ。それが世間というものです。

「洒落《しゃれ》た料理は何一つできないけれど、漬物だけには自信があるんだ」

と、言ったほうが、主婦的母親的信頼度は高くなるということは百も承知、どんなメチャクチャなことやっていても、その根本のところが浮わついていないという安心感を与える効果があるのだけれど、行きあたりばったりの不精な暮らしは、ここいらあたりでボロを出します。

「そろそろ白菜の漬物なんかが出てきてもいいころですねー」

と、遠まわしの催促が聞こえればこそ、ヤッコラサと腰を上げるけれど、気がつかないのならそのまま知らん顔して通り過ぎてしまいたいのです。

とにかくこれは長年の経験とカンが最も発揮される場所で、私にはそういうものが身についていないから、君子じゃないけどアヤウキには近よらぬ、ということもあるけれど、要はマメマメしさが足らぬのです。

それでも塩漬は、まあ手間といえば最初だけで、漬け込んでしまえばあとは切って出すだけ、一シーズンにほんの数度起こるやる気でも充分間に合うのだけれど、「ヌカミソ」、これほどイヤラシイ漬物ってのは、他にないですね。

かき混ぜりゃかき混ぜるほどおいしくなるっていうこのヌカミソは、いってみりゃ主婦の怠慢を暴露するのに、まさにうってつけの材料、毎日食べなくとも、とにかくかき混ぜなきゃいけないのです。ちょいとボヤーッとしてりゃ味が悪くなるし、表面うっすら白くなって、ひどいときには虫なんぞわかせて恥かかせてくれるのです。

別に私、ヌカミソが嫌いなわけじゃありません。

多くの漬物が、大量に漬け込むことをおいしさを生みだす条件の一つとしていたり、その土地の気候の影響を計算にいれなくてはいけなかったりするなかで、地方を云々《うんぬん》されることもなく、流しのスミのひとかかえのカメで、一本のきゅうり、使い残しの大根の切れっぱしをつっ込むだけで、「おいしい漬物」ができるのだから、家庭の中に普及してこれ当然ともいえる便利な漬物です。

露をふいたようなきゅうりの浅漬や、紫紺に漬かったなすを鉢に盛り、みょうがをちょいと添え、

「ハイ、どうぞ」

なんてさり気なく出せたときの気分は最高だし、おほめにあずかったりすると、うれしくって小躍りしちゃうし、私だってそんなの食べるの大好きです。

だから、張り切って、せっせせっせと手を入れて、いっしょうけんめいやればやる程しみ込んでくるのは、アーあの匂い。

「ヌカミソなんて少しもいやな匂いじゃありませんよ。第一マメに手入れしてりゃそんな変な匂いするわけがないんですよ。アンタ不精してるから臭くしちゃうのよ。ホラ、ウチのなんかいい匂い」

と、母親が言うから、その手をかがせていただくけれど、大して変わりのある匂いには思えないのです。

ヌカミソの匂いを良いと感じるか、悪いと感じるかは、要するに好みの問題であって、母は好きだけれど、私は嫌いなのです。食べ物としての匂いに好き嫌いはあまりなく、くさやもドリアンもキャマンベールも、もちろんヌカミソも、口に入れることに何の抵抗もないけれど、身につく香りとしてはドーモネ。

手というのは、できるなら無臭であってほしいのです。コーヒー飲むためにはカップを口に持ってこなければならず、当然のこと、手は鼻のすぐそばにきて、そしてそこはかとなくヌカミソの匂いが飛び込んでくると、どういうわけかガクッときちゃうのですね。

家事だの家庭だの家族だの、そういったことといっさいがっさい忘れて、心を自由に遊ばせるポカーンとした時間もときには欲しいのに、あの匂いはそんなこちらの気持ちをまるで無視し、いやおうなく現実にひきもどす、即生活の匂いなのです。

ゴム手袋をしろとか、ビニールの袋を使えとか言うけれど、なんだかあれは靴の上から足をかいているようで好きじゃありません。ウジウジとして潔《いさぎよ》くないもんねー。

年をとるとこんな匂いが好きになるのかなと思いつつ、いやいやつき合っていて、だから夏が終わりに近づいて、ほんのひとふき秋風が立とうものなら、ソレーッとばかりヌカミソから手を引き、そのまま知らん顔です。そして新聞の家庭欄の片隅に、

「そろそろヌカ床の上に塩をふり、しまう準備を……」

という生活メモを見つけ、あわてて我がヌカミソのカメをのぞき込めば、その惨事は聞かずともおわかりでしょう。私も言いたくない。

「またダメにしちゃったー」

と、捨てるのでございます。

嫁がせた娘の、毎年決まってくりかえすこの不始末を恥じて、実家の母は梅雨のころになると、ビニール袋にヌカミソの種を入れて届けてくれます。こういう過保護下にあると、女は三十を過ぎても未だに自立したヌカミソができないのです。

母はどちらかというと、「ヌカミソだけは」の口なのだけれど、我が娘を叱りもせず、甘やかしているのは、恥ずべき過去をお持ちだからです。

当時としてはごく普通のことであったのだそうだけれど、母も十代で結婚しています。女学生がそのまま嫁にいったような母の姿を多分見るに見かねたのでしょう。大家のオカミサンが母に手わたしてくれたのがヌカミソの種です。これを母は何のためらいもなくどんぶりに入れ、野菜を漬け込んだそうです。いくら小人数の家庭でも、どんぶりでヌカ漬

というのは無理な話、いくら気をつけたとしても、取り出すたびにヌカミソは野菜にくっついてきて少なくなってしまうのです。ついに野菜を覆うには足りなくなって、そこで初めて、

「もしかしたら私、間違っているのじゃないかしら」

と、姑《しゅうとめ》のところに教えを乞いに行ったということです。

大正の御世にもこういう奥さんはいたのです。そして私はその娘、そういう血だけは立派に受けついでいます。

家伝のヌカ床を大事にしていらっしゃるかたには叱られそうだけど、種をもらってそのつど新しくやり直しても、まあ不経済この上ないことではありますが、味の点ではなんとか追いつくもの。取り返しがつかないというほどのことではありません。

それよりもやっかいなのは漬かり具合で、気候や家族の好みに応じて、臨機応変、工夫をしなくてはならないのです。だからいやなんですよ。食べごろを出そうと思ったら、しょっちゅう時間の逆計算をしなけりゃならないし、毎日毎日帰宅時間が異なる亭主相手にそれをやるのは並たいていのことじゃありません。こういう心づかいというのはえてして裏目裏目に出るもので、漬かり足りない、漬かり過ぎは毎度のこと、その上、

「もうメシ食ってきた」

が続いたりしてごらんなさい。カメの中は古漬で、いっぱいになってしまいます。

いくら私が古漬のカクヤが好きだからと言ったって、そういうあと始末的ご飯が続くと頭にきてしまいます。

どこのだれだか知らないけれど、ヌカミソの発案者は、ずい分とマメな心優しいかたでいらしたのですね。

と、漬物始末記を話した口で、

「梅干漬けましょー！」

と言うと、

「フン、たかだかヌカミソの一つにギャーギャー言っている女が、どうして梅干などという高度な漬物ができるのよ。冗談言わないでよ」

と、てんで信じちゃくれないのが世間というものなのだけれど、それができるあたりが料理の不思議さ、ヌカミソも満足に漬けられぬ女でも漬けられるのが梅干なのです。

これが言いたいがために、あえて我が身の恥をさらしたのです。それでなくて誰が自らのイメージダウンのために声を大にしたりするものですか。

四季の折々においしい漬物を用意し、棚には保存食品のビンがズラリ並んでいる、そんな優等生奥様が、

「梅干は簡単でございますよ。一度お試しになってはいかがですか」

って言ったって、私なんかなかなかその気にはなれません。

「あの人には簡単でも、アタシにゃ難しいことになっちゃうんだ。どだい持っているものさしが違うんだもの」

と、ひがんでいじけちゃいます。

そんな私が簡単というのだから、言葉通り信じて大丈夫です。そりゃ、家伝の、秘伝のといろいろあろうけれど、それはそれでやっていただいておいて、私らはみだしっこは遊びのつもりで梅干を漬けるのです。

梅の実はほんのり黄色くなりかかったものが良いけれど、やる気が起こって張り切った日に、たまたま青梅《おうめ》しかなかったとしても、いいからそれを買ってきてください。こういうことは一度気をそがれると、再び手を出すのがおっくうになってしまうから、意気込みのほうを大事にしましょう。

青梅の場合は二、三日そのへんに放ったらかしておいて黄ばみを待つのが良いけれど、それすら待てないのだったら、それも良しとしましょう。

シーズンの終わりごろになってようよう腰を上げ、もう熟れ過ぎの梅しか手にはいらなかったとしても、やはり買っちゃいましょう。出合いというものも大切なものです。熟れ過ぎの梅は、梅酢がにごってできると敬遠されがちだけれど、うまく漬かったら、これほどおいしいのもないはずです。

とにかくどんな梅でも良いから手に入れて、これをたっぷりの水に一晩つけます。熟れ過ぎの実の場合は、この時間を短くしてください。

塩は梅の実の重さの二五パーセントを最高限度とします。生れて初めてやるかたはこれを守ったほうが良く、減らしても二〇パーセントまでにとどめておきます。

いわゆる秘伝のどうのこうのは、この塩の分量をどこまで少なくできるかあたりにあるらしいけれど、そのへんのことは何回かやってみて試みていけば良いことで、最初からあれもこれもと欲ばらぬほうが良いでしょう。そこいらは、無形文化財的なかたに会ったときの話題としてとっておきましょう。ただ、できれば塩は昔の天然の塩に近いものを使ってください。精製塩でもちゃんとできるけれど、技術にあまり自信のない私は、材料の質の良さに頼ってごまかします。

一晩水につけた梅の実はザルに上げて水をきります。この梅の一つ一つに塩をまぶしつけるようにしながら、といっても実際には梅の実の肌というのはそれほど塩がくっついてくれるようにはできていないので、そういう気持ちでカメに一つ一つギッシリと並べていけば良いのです。

別にカメでなくたって金気がなく、酸におかされないものなら何だって良いのです。でもそのためにカメを買ったっていいじゃありませんか。割れさえしなけりゃ末代物、用のないときにはドライフラワーを投げ込んでおくことだってできます。

容器に塩まぶしの梅を一段ギッシリ並べたら、その上からパラパラと塩をふり、また同じようにして梅を並べます。これを何回かくり返し、梅を全部並べてしまったら、最後の塩はフタするような気持ちで多めにバラまいてください。

この上から清酒をほんの少しふりかけておくと、水の上がりが良いようです。

押しぶたはやはり木が一番良いけれど、なければ小皿でもかまいません。でもわざわざ買ったとしても、たいした出費ではありません。

この上にのせる重しは、梅の実の重さの倍以上の目方があれば、何でもけっこうです。皿を数枚重ねても良いし、ビニールでしっかりくるみさえすれば、缶詰だって使えます。ただ、しっかりくるんで金気が出ぬようにすることを忘れないでください。

完全に水が上がってくるまで重しをのせておき、ほこりよけに覆いをしておきます。二日たっても水が上がってこないようなら、重しが軽すぎます。もう少し重くしてみてください。私は梅酢を欲ばって取りたいから、少し重く、しつっこくのせています。

充分水が上がったと思ったら、重しを取って、ビンかカメに保存しておきます。あとあとの楽しみのためには、梅酒なんかを漬け込む広口ガラスビンが最適です。

しばらくするとお店にチリチリと葉のちぢまった赤じそが出まわってきます。

八百屋のおじさんに、

「梅二キロ漬けたけれど、しそはどのくらい入れればいいの？」

と、買うときにちょいと声かければ、

「そうさな、こんなもんかな」

と、適当にみつくろってくれ、

「梅干漬けてんのか、若いのによくやるねー」

なんてほめられたりして、その上年の功の知恵をいろいろさずけてくれます。

しそは茎をとって葉っぱだけにし、泥よごれをよーく洗い流します。やっぱりこれも二〇パーセントぐらいの塩を用意し、最初はその半分の塩でギュッギュッと力強くもみます。ドス黒い汁がブクブク泡立つようにいっぱい出てきますから、これはよーく絞って捨ててしまいます。このしそを残りの塩でもう一度もみます。今度は濃い紫の汁が出てきますが、これは捨てないでください。

ここまでやったら、身近にいる人は子供であろうと大人であろうと呼びつけて、明日遊びにくるという友達からの電話があったら、今日こいと言い、とにかく大々的に人を集めましょう。

皆のよーく見えるところに塩漬しておいた梅のビンを置いて、ぐるりまわりを取りかこんでもらいます。

そしておもむろに、さっきの塩もみの赤じそを汁ごとビンの中に入れます。しその紫紺の一滴が、梅の白酢にはいるやいなや、それは一瞬のうちに紅色に変じて、ユラユラユラユラ、ビンの中に舞いおりていくのです。次から次へと下降するその紅色の雲は、ほのかに緑を残している梅の実の間をくぐりぬけ、徐々に梅の汁を染めていきます。

ユサユサと揺すりたいところだけれど、そうせっかちに先を急がず、しばしこの自然の美しい変化《へんげ》の様に、うっとりと見とれていましょう。

しそをたっぷり敷きつめたビンの上は、恥ずかしいほどに赤く、それが底のほうに行くにつれ、ぼかしのかかったうす紅色になり、その中にほんのり緑の梅の実が、ユラユラゆれている様は、何度見てもあきぬながめです。

大騒ぎして人集めしたのは、ただただ、これを見せたいがため、深夜一人でウシウシとほくそえんでながめ、美しさを独り占めしてしまうのも、また捨てがたい楽しみ方だけれど、

「ネ、ホラッ、見てっ、キレイ、スゴーイ、ウツクシーイ」

と、人々の賛同を求めながら「華麗なるウメボシショー」を主催するってのは、なかなか楽しいものですよ。

広口ガラスビンの必要性がおわかりになりましたでしょ。こういう劇的場面の立会人には、後日、記念品として、梅干少々を差し上げます。

こんなに大騒ぎして楽しむのだから、毎年大張り切りで梅干を漬けていると思われるに違いないけれど、漬けることは漬けるけれど、このしその葉を買うのを、私はよく忘れてしまうのです。梅は漬けたが、しそはまだかいな、で、気をつけてはいるのだけれど、こ

の赤じその出まわりは割と短期間で、ちょいと気が別のところにいっていたりすると、いつのまにか、

「もう今年はないよ！　今ごろ来たって遅いんだよ！」

てなことになってしまいます。

かなり何回もこういうことがあったから、このごろでは、八百屋のほうが心配して声をかけてくれるようになったのです。

しそを忘れた梅はどうするかというと、仕方がないから次の年まで待つのです。しそを入れない方法もあるけれど、私はマッカッカの梅酢がとりたいから、遅れても入れるのです。

一年待たせりゃ、梅のほうだって初々しさはなくなり、茶色い年増《としま》の風情《ふぜい》じゃ、とてもあの「華麗なるウメボシショー」は開けないけれど、その用途と味に重点をおくのなら、一年遅れたって充分おいしく、真っ赤になってくれます。

秘伝派には叱られるかもしれないやり口だけれど、大丈夫、もう何回もこういう馬鹿気たことやっている私が保証してあげます。

しそが染めた梅は、陽差しの強い土用のころ、天日に干します。三百円くらいで売っているビニールのスダレを使うと色つきの心配もなく、にわか雨にもさっと取り込めて便利です。

干す場所は、何てったって屋根の上が一番なのだけれど、ときどき裏返したりしなくてはいけないから、高い所の苦手なかたはやめてください。

日が暮れたら梅酢の中にもどして、また次の日干すというかたもいるけれど、汁を吸い過ぎてもったいないような気がしたら、わざわざしなくっても良いのです。雨さえ降らなきゃ、三日三晩干しっぱなしでもけっこうです。

しそもギュッと絞っておだんご状にして、いっしょに干します。梅酢もビンごと陽にあてると良いそうですが、これ持って屋根にのぼるのって、ちょっとこわいですよ。第一斜面にビンが置いてあるってのは、視覚的に大変不安なものです。

干し上がった梅としそは、再びビンにもどして、これででき上がり、梅酢は少し別のビンに取り分けておくと便利です。

紅しょうがを作っても良いし、筆しょうがではじかみを作るだけだって良いのです。

さっと湯がいてザク切りにしたキャベツに、きゅうりの薄切りの塩もみと青じその細切りを加え、この梅酢であえると、それはおいしい酢の物ができます。

紅しょうがを作るときには、しょうがを一度塩漬し、天日に干したものを梅酢に漬け、さらにそれを陽に干し、新しい梅酢に漬け直す、めんどうだけれど、この手間を惜しむとカビがはえて使いものになりません。ちゃんと手をかけておけばあとは何年でも保存できます。

お金を出せばおいしい梅干は手に入るけれど、この赤い梅酢だけは家で梅を漬けないかぎり手に入れることができません。友人たちがその重い腰を上げて梅干作りを始めるのもこの梅酢が欲しいがため。私は梅干は気前良く分けてあげるけれど、梅酢はしっかとかかえ込んで誰にもあげないからね。

塩漬の梅を天日に干せばこそ、梅干というのでしょうが、実をいうと私、干さない梅干ってのも持っているのです。これもやっぱりなまけ者が干すのを忘れたからです。

ひと夏の間にカランカランに晴れた三日間を見つけることに、なんの困難さもないのだけれど、ただそんな気分のいい日に梅干のことを思い出すのが、これ私にとって大変難しいことなのです。そんなすてきな夏の日には、他にやりたいことがいっぱいあってはしゃいで暮らし、そしてたまに一日中降りこめられた日、ほほづえつきながらシトシト降る雨粒見つめ、

「アレッ、梅、干してなかった、イケナイ、こんど晴れたら干そう」

不可能な日には決心します。

そして雨が上がり、カーッと陽が照りつけりゃ、

「オーイ、プールに行こうかー」

こうして秋を迎え、冬を越し、未だ陽の目を見ることもなく、ビンの中にはいりっぱなしの梅がどうなるかというと、おいしいのですね。干してないから、表面が少々しまりの

ないのが玉にキズだけれど、柔らかくっていい梅干です。梅びしおといって、裏ごしした梅肉に砂糖を混ぜたりしてトロリと煮たりするのがあるけれど、あれなんか作るには最高でしょう。おむすびの中に入れるにしたって、大きいのを丸々一個入れるわけじゃないから、別に不便は感じません。別にグチャグチャになっているわけじゃありませんよ。ちゃんと箸でつまむことだってでき、ただ皮が大変柔らかいというだけです。そんなのが大好きという人だっているから、ベラベラしゃべりさえしなけりゃ、ほめられることだってあるのです。

意図して作ったわけじゃないから、ケガの功名、この先、干さぬ梅干がどのように変化していくのかはわからないけれど、多分四、五年たったであろう我が家の日陰モンの梅干は、貫禄充分の姿で食卓に登場しています。

しそを忘れて一年待ってもらったり、干してもらえず日陰モンの扱いをうけたり、かなりひどい目にあっても毅然《きぜん》としているのだから、梅の実というのは立派ですね。

世の奥様がたのほとんどが気軽にやっていらっしゃるヌカミソに、ブツクサ文句言いながらつき合っている私ができること、だからもうどなたにでもできるといって間違いなし、家伝の秘伝のとややこしいこと聞いちゃうから恐ろしくなるので、一度やってみりゃこれほど簡単で、しかも頑丈で、忍耐強い漬物というのはないのです。

味の点で伝統芸術品には及ばなくったって、ビニール袋にはいっているのを買ってくるよりは、暮らし方として気持ちの良いことです。

梅酢という素敵なオマケもあるし、しその葉は干して細かく粉にして「ゆかり」にするというほどマメなことをしなくったって、イワシの煮つけにちょいとぶち込めば、不思議と生臭みを消してくれ、カラリといい色つやのものができ上がるのです。もちろん、魚の煮汁を含んだしそもおいしく食べられます。

ビー玉をガラスビンの中に入れて飾りとしているのだもの、美しく漬かった梅干だってビンに入れて棚の上に置けば、インテリアとしての要素だってあるのですよ。

それに梅干を家で漬けていると、なぜか尊敬されます。それも若けりゃ若いほど良い。私はもうそろそろ尊敬されなくなる年になってきたのだけれど、それでも、

「ヨクヤルネー」

と、ほめてもらえたりします。

八百屋さんが親切にしてくれるようになります。カメを買いに行った雑貨屋のおばあちゃんが、店の前を通りかかるたびに、

「コンニチハ」

と、声をかけてくれるようになります。

まるで身始末の良い、シャキシャキッとした奥さんで、玄関はいつも水が打って掃き清めてあるように思われて、まさか子供の運動靴を捜すのに亭主のブーツをさかさにふって

みたり、浴用タオルと足ふきマットを間違えて亭主に渡してゴルフ場で恥かかせたりするようなドジをしているとは、よもや思ってもみないことでしょう。ジーパンに穴があいているのは、ツギをあてるのをめんどうがっているのではなく、ヒザが抜けるほどはいつくばって一生懸命に床ミガキをしているのだろうと、良い方向に判断してくれます。すべてこれ「梅干」漬けたおかげです。

でも間違っても人様に、

「アタシネー、梅干、干さないで作ってんの」

なんて言ってはいけません。

せっかく高まった評価を、自らの軽率なオシャベリで、ガタガタと地に落とすことはないのです。こういうことこそ本当は、秘伝中の秘伝として口外せぬことが一番なのです。うっとうしい梅雨の日の遊びとして、だまされたつもりで、一度梅干を漬けてみてください。

「百聞は一食に如かず」は確かだけれど現実はそう簡単にはいかないもの

知ったかぶりで、料理のことあれじゃこれじゃと言ってはみたものの、ふと気になって我が日常使っている材料の一つ一つ思い浮かべてみたら、いやになるほど種類が少ないのです。日々の単純な生活の中で、私が寄せ集めているものなんて、ほんとにたかが知れているのです。

その証拠に、行きつけの魚屋は、私の顔を見ると、必ず、

「オッ、待ってました、今日のイワシ、生きがいいよ！」

昨日もイワシをすすめたし、明日だってこれ絶対イワシをすすめるに決まっているんです。

イワシがたまにアジに変わったり、舌ビラメになったりすることはあるけれど、そのすべてに共通していることは、常に魚屋の最前列に置いてあるもので、「本日の買得品一皿

〇〇円！」の札が立っていることです。

ガラスケースの中のきらびやかな鯛《たい》の刺し身なんて、過去十数年間の間、ただの一度だってすすめてくれたことがありません。

そういう魚屋さんなんだろうと思うかもしれないけれど、

「おじさん、アユがあるよ、一箱持ってくかい！」

「車エビ、どうだい、今日のは生きているよ！」

なんて、他の客には言っているんです。

それなのにアタシには、いつだって一皿百三十円のイワシ。ガラスケースの中にカツオを見つけて、たまには恰好のいいトコ見せようと、

「アレ、チョウダイ」

と、指をさしかけようとすると、横で小声でささやかれます。

「やめときなよ。マダ高いよ、もう少し待っててごらんよ、今に、ドサーッと前のほうに出てくるからサ」

「そんならやめトコ」

って、またイワシになるのです。

「最近アタシントコ、何だかイワシばっかり食べてるネー」

「いいんだよ、それで。安くてうまいもん食べてりゃ、まちがいないよ！」

と、なぐさめてくれます。

「鯛のいいのがあるよ、持ってかない、千円だよ」

と、常になく珍しいこと言われて、その鯛をしかと見つめりゃ、やっぱり一皿盛りの頭とカマと中骨です。

だからうちの子は刺し身というのは、イワシやアジで作るものと信じて疑わず、こう一方に片寄るのも一つの偏見を作ることになるかもしれぬと、親が案じてたまにマグロを出すと、なんだかよその家でご飯食べているような居心地の悪い様子で食べてますね。

肉屋の前を通りかかると、オヤジが、

「ダーンサーン、チョット、チョット」

と、わざわざ飛び出て来て呼びとめるから、何用かと自転車とめてのぞき込むと、

「牛の尾っぽあるんだけれどねー。持ってかない？　ついでに舌もどうかねー。安くしとくよ」

おすすめは舌と尾っぽで、肝心のお肉がいっぱいついた胴体のところは素通りです。

たまには、

「ローストビーフ用のいい肉あるけど、どうだい！」

なんて、あいさつでもいいから、そんなやりとりしてくれないかなー。

どこへ行ったってこの調子だから、それほど大見得きって取り組まねばならぬものは手

にはいらないし、まあできれば、多大な覚悟の必要なものは、身辺にウロチョロしていただきたくない、というのが私の本音ではあるけれど……。

料理は創造につながるだの、魔法だのと、いろいろわめいてはみたけれど、やっぱり押し寄せてくる簡便調理品から身を守ることは大変難しいことで、ゴチョゴチョ言い訳しながら身を許しているのが現実です。

「卵と氷水を使って粉を溶いて天ぷら揚げることの、いったいどこがそんなにめんどうですか？」

と、言われて、

「本当ですねー、簡単なことですねー」

と、思いながらも、ついつい「天ぷら粉」なんてものを買ってきて、それで、

「今日の天ぷら、おいしくカラッと揚がってるね」

ってほめられりゃ、使ってしまったことへのうしろめたさと、己の無能をさらけ出したくやしさと、メーカーさんへの嫉妬が入り混じって、

「アタシが衣作ったんじゃないからね、それは皮肉になるよ。洗濯機に洗っていただいたものを、洗濯上手とほめられてもうれしくないのと同じことだよ」

と、ふてくされるのです。

たかがてんぷらの衣一つに、こうまでつっぱることはないのだけれど、毅然《きぜん》とした態度

で貞操を守り通すことができぬ弱さです。

だから、前人未到のものに挑戦し、加えて新しき料理法発見などという輝かしき歴史を残していくことなど、私にはまずできない話なのです。

牛の舌の先っぽがはいっているというだけで、冷蔵庫の扉をあけられなかったという、恥辱に満ちた過去を持っている私が、「ジョーズの仲間からヒレをうばい取り、干して、ひたして、煮て、洗って、またまた煮込んでスープにする」なんて料理が、どうして考えられましょう。

なまこを最初に食べた人は、大変勇気のあるおかたといわれているけれど、それをさらに乾燥させてカチンカチンにしたあげく、想像もおよばぬ変貌をとげさせた人の執念深さには頭が下がってしまいます。

あの何を考えているのか見当もつかぬ棘《きよく》皮《ひ》動物を相手に、酢をかけてみようという発想にまでは、何とかついていてもいけるけれど、炒《いた》めようとか、煮てみようかなんて、どうしてそんなスゴーイ発想が浮かんでくるのでしょうかね。そのまま煮るのが無理ならば、干してもどして、アー、ただただ恐れ入るばかりです。

発見とか創造という行為のなかには、確かに偶然という要素もあるのです。作ろうとして意図していたものはでき上がらず、その副産物のようなものが、予想もつかぬ素晴しいものだった、というのは巷《ちまた》によくある話です。

また、ケガの功名なんていうのも、新しい発見につながり、高野豆腐なんかは、多分にこの要素が強いんじゃないかな、と思うのだけれど、中国料理に登場するところの、フカのヒレ、キンコ、つばめの巣なんかは、これはもう決して偶然の産物なんかじゃなくって、何であろうと食らいついてやろうという、恐ろしいまでの執念のたまものに違いありません。保存という意味合いからだって、少々逸脱しているとは思いませんか？

豊富に採れた季節季節の食べ物を、厳しい自然をやり過ごさねばならぬときのために保存しておこうという人間の知恵は、塩漬だの乾物だのを生み出してきたけれど、それらのものは大体において、かつて生き生きとしていた姿を想像できる程度の変わりようでしかありません。

そして、その味わいは、どことなく耐えている人間の翳《かげ》りを秘めているように思えるのです。

しかし、中国料理の、この乾物たちの変貌の様は、まあ何と豪華絢爛《けんらん》なこと、食べ物の不足を補うなんてつましい守備の姿勢ではなく、もしそうであったとしても、そんな気配は微塵も見せぬ華々しい勢いなのです。

そこまで執念深くない私は、創造だの工夫だのと申したところで、結局は古今東西の人様のおやりになった、種々様々の良かれと思う方法を模倣しているに過ぎないのです。

一つの画期的料理法が生れて、それが日常の中に定着するのに、いったいどれだけの時間がかかるのかは知りませんが、そしてまた、今の時代にもそういったものが生れつつあるのかもしれませんが、しかし私たちのまわりで日常起こっている、料理に関する出来事は、どちらかというと、先人の生み出した方法の上っ面だけをちょいと当世風に変えているだけに過ぎず、そしてそれがまた前進の方向ならば拍手かっさいもするけれど、たとえば陽で干すべき魚を、熱風で処理して干物でございというのは、名前のみ「文化干し」であっても、根本的な考え方においては、後退しているとしか考えられません。

便利になることはいいことです。でもその便利さを押し進めていくことが、自分の五感を通して、見たり、感じたり、触れたりしていくことを、せばめるような方向に持っていかれるのだとしたら、これは困ります。自分の世界を広げていくときの手助けをしてくれる、便利さというものは、そういうときに役立てたいものです。

新しい料理法を見つけることはできずとも、せめて先人の見つけ出してくれたさまざまの方法を、消してしまうことなく保存していきましょう。それも博物館の資料室でほこりなどかぶった保存ではなく、日々の暮らしの中で生き生きと息づかせた形で受けついでいきましょう。

亭主のチチは、料理をするとき、「復元」という言い方をよくしていました。復元というからにはとにかく一度そのものに出合ってみねばできぬことで、また模倣ということにしても、確固とした原形がないと、これはどうしようもないこと、やはりおいしいちゃんとした味を知っている必要はあるのです。

「女房を料理上手にするのには、外でうまいもんを食わせるのが一番良い方法だ」

と、よく言われているのは、この手本となるべき味を舌に体験させ、覚え込ませる方法として、それがいちばん手っ取り早いからでしょう。確かに、口八丁手八丁で、あれこれ味を説明されたところで、現物を食べて、

「ああ、この味ね」

と、わかってしまうことにはかないません。第一なんてったって楽しいやり方です。

と、わかっちゃいるけれどねー。こんな簡単で楽しい方法がとれぬところに、アタシラの現実があるときているんだから、最近外でウマイモン食べれば云々の話を聞くと、アタマにきてしょうがないんです。

所帯持って、赤ん坊育てているときに、外で落ち着いてウマイモンなんか食べられる人なんて、めったにいません。いるとしたら、それは大変恵まれた環境にいるかたです。

私のまわりで子供を育てている人のほとんどが、

「外でおいしいもの食べたいなんて、そんな高望みしない、せめてゆっくり一人でコーヒーを飲んでみたい。それだけでいい！」

外に仕事を持っている人なら、多少その機会があるかというと、

「トーンデモナイ、そんな余裕あるもんですか、家族の食事をなんとか形整えるのがせい

いっぱいよ。私ときどき保育園に子供迎えに行く前に軽く食事することがあるわよ。でもそれはすごく切実な理由があるからなのよ。くたびれちゃって、おなかもペコペコで、その横で子供たちに、ママ、ゴハンまだ！　ハヤクシテー、なんてせかされてごらんなさいよ。叱らなくてもいいことを叱ったり、どなりつけたりしちゃうでしょ。おなかすいてると人間気が立ってくるものね。だから、ゆったりと人並に優しくできるように、ちょっと何か食べとくのよ」

最良の方法とわかっていたって、そうはたやすく実行はできぬ現実の中に身をおいているのは、何もこちらだけの責任ではないし、アタシだって好き好んでそうやっているわけではないのに、

「料理がうまくなる秘訣の第一は、なんといったって外でおいしいものを食べて、その味を覚えてしまうことですね」

なんて、わけ知り顔で言われたら、

「そうかい、そうかい。そうでしょうとも。アタシラ、どうせ料理なんかうまくなれっこないでしょうよ」

と、ふてくされて、冷凍シューマイ食べて、フトンかぶって寝ちゃったとしても、いったい誰がそれを責められますか。

外、外と、それしか方法がないようなことを言ったり思わせたりしないでほしいのです。

もっと励ましてください。

人間には想像力というものがあるのです。その気になれば、一片の土のカケラからだって、古代の壺を復元し、いにしえの都を机上に書き上げることもできるのです。

ましてや料理にいたっては、その資料たるや、身のまわりにあふれんばかりに散らばっているのです。作ろうという気になりさえすれば、ロシアの宮廷料理も、メキシコの片田舎の料理も、すべて手元に引き寄せることは可能なはずです。自分の料理遍歴が、過去帳と一致しなければならないというような決まりなど、どこにもないのだから、たとえモロッコの料理とて、彼の地は踏まずとも、手元にたぐり寄せ再現させてみようという心意気は、大いに発揮すべきことなのです。

まったく未知なる料理に挑もうというときの資料は、できるだけ確かなものでありたいけれど、何も料理本でなくたって、小説の中の一、二行の描写から探りを入れて再現しちゃうっていう方法だってあります。これをやり出したら面白くってやめられなくなっちゃったという人もいるくらいなのです。とくにシリーズ物の探偵小説なんかで、その主人公が食いしん坊だったりすると、これは犯人探しそっちのけの楽しいことになってくるそうです。

でもまあ普通には、手っ取り早いところで、料理の本を手にします。

「料理の本に書いてある通りやっても、ちっともおいしいものができない」

ということは、ある人たちの間では定説になっているらしいのだけれど、これは私、迷信みたいなものだと思っています。

私は今まで本を参考にして料理をしたことが数え切れないほどあるけれど、ちゃんとでき上がります。もし本を参考にしてどうしてもできぬというのなら、よっぽどいいかげんな本を読んでいるのか、それとも読み方を間違っているかのどちらかです。

料理の本はできるだけちゃんとしたものを手に入れたいものです。何を基準にちゃんとしているか判断するかは、各人各様好みもあって一概には言えないけれど、パッとめくったページのところに書いてある料理の作り方を読んでみて、味がある程度伝わってくるようなら、かなりいい線いってます。その本と仲良くつき合えそうな体裁と雰囲気も大事なことです。

できれば写真も出ていて、欲をいえばその写真も途中の過程が出ているくらい親切で、しかも事実に忠実であることが望ましいのです。写真映りを良くするための化粧がほどこされていたり、飾るために必要以上のレモンやパセリが添えてあったりするような写真ならかえってないほうが親切というものだし、第一そんな写真をのせているような本なら、その本を作っているスタッフの意識もその程度のところなのだから信用しないほうが良いのです。

信用できる本は探せばいくらでもあります。結局のところ、どんな本に手をのばすかは、選ぶ人の責任なのです。

もう一つの本の読み違えは、これは行為を言葉で表現しようとするときの難しさと、加えて、言葉多く語られることのほうが重要に思える言葉のオトシ穴みたいなところにひっかかってしまうからです。とくに数字というやつ、これはとにかく強い印象を受けがちです。だからそのほうにばかり気をうばわれて、肝心かなめのところを読み落としたりするのです。

化学の実験じゃあるまいし、砂糖と塩の分量を取り違えたりしない限り、かなり大まかにやったっておいしくできるのです。

それより大事なことは、

「鍋は熱くしてから油を入れて、煙の立ちはじめるころ、材料を入れ手早く炒めて……」

と、ここまでていねいに書いてあるのだったら、ちゃんとその通りやってみることです。鍋を火にかけたら、もう油の分量をはかることのほうに夢中になって、充分熱くなったか確かめもせずに入れちゃって、もっとひどい人は、鍋に油を入れてから火にかけたりするものねー。

そして油がぬるいうちに野菜を入れ、うわっ面だけゴチャゴチャいじりまわしていたら、これまずくなるのがあたり前みたいなことをしているのです。

こういうふうに記されている場合に大事なことは、油大さじ何杯ということよりも（そのあたりは少なめか多めかというくらいのところで）、材料を火傷《やけど》させるかさせないかにあるのです。塩の分量なんて、自分が今、スープを作っているのか、ソースを作っているのかをはっきり自覚してれば、おのずとわかってくるものではないでしょうか。自信がない場合は少々ひかえ目に味つけすることです。後で加えることはできるけれど、辛くしすぎたものを元に戻すことは、これはできない相談です。

自分の感覚をもっと信用して、これを使うことが大切です。

私は何人かの友達といっしょに料理したことがあるけれど、どちらかというと女の人の中にこの分量固執が多いようです。こういう人たちが料理しているのを見ると、作っているというより、復習しておさらいしているみたいなんです。それで、

「このあいだのとは違う」

とか言って首かしげたりして、そのあたりにすごくこだわるのだけれど、このあいだのものに近づけるより、今の今おいしくすることに夢中になったほうがやっていて楽しいことです。

別に男どもの肩を持つつもりはないけれど、彼らは醤油と酢のどちらを多く入れるかは聞くけれど、その先のことは自分の感覚をたよりにやっていますね。だからクセの強い人間の作った料理は、やっぱりクセの強いものになるけれど、料理の中にあらわれるそういう個性ってのは、私好きです。そのあたりの主張がないと、作るほうも、食べるほうも面

白くありません。

男の料理ってのは、見ていると大変面白いものです。過去に何回もやっているはずの料理であっても、そのつどいちいち真剣です。ああでもないこうでもないと苦悶しつつ、工夫しています。だからその工夫故に失敗することもあるけれど、うまくいくとどえらい成功をするものなのです。

「ワァーッ、いい線いってる。どうやったのよ。この次もたのむよね」

と言って、そして次に決して同じにならないところが愉快ですね。

皆さんにおいしく食べていただきたいという、最大公約数的なところを探そうとする優しい気持ちは良いのだけれど、まず自分で食べておいしいと思うものを作って、その上で皆さんの意見を聞くようにしないと、初めっから曖昧模糊《あいまいもこ》では、直していくにもやりにくいというものです。

そして食べさせてもらう皆さんのほうも、本来自分の責任でもって作るべきところの料理を一人のかたにおまかせしているのだから、台所に立って自ら手を下すところまではできなくとも、せめて励ましの声ぐらいはかけてあげなくては、

「ウチの女房の料理はどうもねー」

と、文句を言っているだけでは、それは怠慢というものです。

料理の本をかかえて必死になってやっている健気《けなげ》な姿を見たら、

「自信もて、勇気もて」

と、励まさなくてはいけないのに、それどころか、

「こんな手のこんだゴチャゴチャしたもの作らないで、魚の干物でも焼いとけ」

なんて、非情なことを言ったりしたら、もう何もしたくなくなりますね。

料理というものは一人黙々と作っているようであっても、その味や腕を育てていくのは

いっしょに暮らしている皆の責任です。

心底料理の好きな人は、自分一人のための食事にだって労することをいとわないのかもしれないけれど、並の人間は、やはり食べてくれる相手があればこそ、作る張合いが出てくるものなのです。

「オマエって料理が上手だね。おいしいね」

と、ことあるごとに言われていりゃ、作る当人はだんだんその気になって、

「皆さんのご期待に応えなくっちゃ」

となってくるものです。

それを、いかにこちらが張り切ろうと、喜びもせず、悲しみもせず、ただ黙々と食べて、

「ごちそうさま、お茶くれ」

いつもこれじゃ、気の入れがいがないし、それが積み重なれば、

「この人、いったいどこいらあたりまでガマンできるか、ひとつ実験でもしてみようかし

ら」

という、サディスティックな興味がわかないとも限らないのです。

こうなってからあわてて気がついて、励ましたって、もう遅い。だからできた料理のうまいもまずいも、人ごととは思わないで、ちゃんといっしょになって考えてあげてください。

そしてまた、一つの料理に取り組んだら、通り一ぺんさっとやっただけで、

「これあんまりおいしくない、やめとこ、次は何？」

と、一つ取り組んだことからそうあっさり簡単に身をひかぬことです。

調味料の割合を少しずつ変えてみたり、香辛料の使い具合をちょいとかげんしたり、いえ、もしかしたら、このあたりのことをまるで無視していらっしゃるということもありますよ。

とくに異国料理の場合はこの香辛料の使い方ひとつで味が決まってしまう場合もあって、香辛料無しじゃとても食べられないという料理だってあるのです。

「まあ、そんなゴチャゴチャたくさん入れますのー。めんどうですのねー」

と、おっしゃるかたもいるけれど、洋の東西を手元に引き寄せようってのに、塩、胡椒だけですませようなんてことのほうが、よっぽど面倒なことのはずです。

細切りにして炒めたイカで、中国を近づかせるか、スペインを近づかせるか、その分か

れ目は、エビ油とサフランのどちらを使うかで決まってくるのです。

調味料にしても、手順にしても、とにかく一度はちゃんと使って作ってみることです。それで気にいらぬものができたのなら、いろいろ抜いたり足したり、そのあたりから人真似でないその人の料理がはじまるのかもしれません。

わずかな資料からだって料理は作れるけれど、かといって、せっかくの味わえるチャンスまで拒否するような馬鹿な真似はしないようにしてください。

味との出合いは多ければ多いほどいいと思っています。おいしいものに接するにしたことはないけれど、たとえまずいものであったとしても、料理を作っている人間にとっては、それもひとつの励みになるものです。なんてったって自分の腕に自信が持ててくるでしょ。うぬぼれることもときには必要なことです。

多ければ多いほど良いといっても、その出合いはできるだけ無理のない形であってほしいです。

子供のときには、子供でなければ感じとれぬ味との出合いの楽しさというものがあるはずです。それに接することなく大人の味覚の中にひきずり込まれた子供は不幸だと思います。子供にはわからない大人の味というものがあり、それと同時に、大人には理解できぬ子供の味というものもあるはずです。でもこのことを妙に勘違いして、家全体の味覚を子供のレベルにして、悪餓鬼どもに媚びるような愚かなことはしないでください。そんなことをしていたら、その子供はいつまでたったって、幼児の味覚から抜け出ることができないであろうし、極端に言えば、それは次の時代の不幸な味につながってしまうからです。

なおかつ大人になったからといって、その大人の味覚がすべて同一の線上に並んでいると思うのも間違いです。確かに万人がおいしいと感じる味というものはあるけれど、いろいろな出合いがあったあげくの果てに初めてわかるという味もあるのです。そのあたりにある味を、情報収集の力と、行動力にまかせて食らいついて、おいしいだのまずいだの早急に判断を下してしまうのは、食らいつく側にも、食らいつかれる側にも、どっちにとってももったいないことです。

楽しみというのは、自然な成り行きの中で一つ一つ、階段をのぼっていくようにして出合って行くほうが良いのです。

お年を召したかたたちが、おっしゃっているじゃありませんか。

「年とると少しずつ食べたいと思うものが少なくなってきてねー」

そのあたりの静かになった心境で出合ったときにこそ初めて理解できるかもしれぬ味を、何もあたしらが背のびして今食べることはないのですよ。その前にもっともっと出合いたい味、出合わなくてはいけない味というものがあるはずです。

幻の檀流クッキングスクール
中退者のつぶやき

もう大分前のことになるけれど、私は一時期、生活のほぼすべてを自給自足でまかなっている集団の中に身を置いていたことがあります。と言ったって、そこで行なわれている生産活動に参加してなんていう雄々しいことが私にできるわけはなく、またいつもの例にたがわず、ボケーッとして見ていただけなのだけれど、街育ちの私には、何でもかんでも自分たちの手で作ってしまうということが珍しくって、それは愉快な生活でした。

お盆になっても帰る田舎というものを持たぬ私には、そこは正に私の田舎のオバーチャンちとでも呼ばせてもらいたいような所。あらわれた形だけをとらえてみるならば、決して豊かではなかったけれど力強く、なによりもそこに生きる人たちは自信に満ちていて、一人一人のあの明るい笑顔は忘れることができません。

環境も自然条件も違う街の中で、いくら素敵だったからといってその田舎の暮らしができるわけはないのだけれど、後遺症とでもいったら良いのでしょうか、素朴な生活への思いを断ち切ることができず、その未練がましい思いだけを、未だズルズルと引きずって歩いています。

自然の中での自給自足の暮らしこそ人間本来の生き方であるとの強い信念を持って、人里離れた山の中に一家あげて移住してしまう人たちもいるのだけれど、どう逆立ちしてみても私にはそんな勇気は出てきません。文明を享受しながら暮らしたいという未練も一方に、これまた大変強くあるからなのです。

その両者に色目つかいながらの暮らしを、スーパーマーケットに五分のこの東京の中でやっていて、どちらの誘惑が強いかというと、まあ最後まで言わずともおわかりでしょう。人間安易な方向には簡単に流れていくものです。

お金さえかければ何だって手にはいってしまうかのごとくに見える消費に塗りたくられたこの世の中で、ほんの一部分であってもその消費という方法を拒否しようとすると、これ、かなりの意地が必要ですね。

手持ち不如意という動かしがたい事実があるときには別に決意など固める必要などどまるでなく、

「子供の髪切るのに、いちいちそんな高いお金かけてられますか！」

って、かといって子供は法界坊のようにしておくわけにはいかないから、家でチョンチョン切ってやるのです。

それが一回の床屋代にそれほどヒーヒー言わなくても良くなってくると、動きまわる子供を押えつけ、ゴキゲンをとり、ときにはケンカまでして、その上親子共々毛だらけになって、いったい私何してんだろうと思ってくるのです。千円持たせて子供を床屋に行かせ、その間「親の自由な時間」とやらを確保したほうが利口なやり方というものではないかという思いがフッと頭をかすめます。

そしてウチの息子どもはまだ幼い故世間を知らず、

「ワザワザ床屋までいかなくてもいいもん。ウチのほうが楽でいいや」

と思い込んでいるけれど、床屋に行ったほうがずっと手早く、しかも切った後、体中チクチクすることもなく、したがっていちいち風呂にはいらなくともすむ、という現実を知ってしまったら、どうしよう。

そしてまた、五百円しか生地代がかからぬからと嬉しがって、子供のズボンをガチャガチャ縫っているとき、フト目にとまった新聞の折込み広告に、

「男児半ズボン、より取り二着六百円、今日、明日限り！」

そこいらひっちらかしているのをサッサと片づけて、一途スーパーに走っていったほうが、時間もお金も経済的であることは、これ誰の目にも明白な事実。その上アチラのほうが恰好も良いのではなかろうか。アア、何のために手動かして時間食ってんのかワカンナ

クナッチャウ。

これが物の不足している時代ならば、物を作るという行為は、そのことだけを取り出して特殊視する必要なんか全くない、日々の人の暮らしを営むための欠くべからざる行為として、自然な有様を保っていたに違いないのです。

ところが、

「面倒な手続き一切当方でお引き受けいたします。あなたの描かれたバラ色の夢をたちどころに形にしてお届けいたしましょう。あなたのなさること、それはボタンをほんの一押しするだけで良いのです」

そのボタンも一回で押すのが無理ならば、十回、二十回に分ける方法もあるとまで教えてくださいます。

とにかくアチラサンが物を売るために使う労力というのは恐ろしいほど。「消費者」という符号で呼ばれている私らの意識を調査し、分析し、弱点をつかみ出し、その残酷無比なる作戦計画に媚薬《びやく》をふりかけ、

「サーサーサー、イラハイ、イラハイ」

金にあかせて美しい物を自分のまわりに寄せ集めて、カラーグラビアページのように優美に暮らすのも、それはそれで素敵な生き方かもしれないけれど、でもねー、物集めて並べたてることだけだったら、木の上でカアと鳴くカラスとて同じことやってんのよね。違

いといえばその収集の基準になっている美的感覚においてなのだけれど、そのセンスのどちらが素晴しいかということは、立場を変えてしまうとちょっと判断のつけようがありません。カラスにはカラスなりの美意識というものがあるに違いないのですから。

人というのは自由な二本の手で物を作り出すことができるからこそ素晴しいのではないでしょうか。

分業化され、高度に発達した文明は、人間の手をより自由にしてくれ、その手があるからこそ、人は宇宙のかなたを探ることもできるのだけれど、しかし、その手が人の傲慢《ごうまん》な欲望を引き寄せることにのみ使われだしたら、人は人たる意味を失うのではないでしょうか。

と、エラソーなこと言ってみたけれど、こういう生活態度を頑固に守り通すのには、かなり強い意志が必要です。なにしろ誘惑が多いからね。

最近読んだ本の中に見つけた文章だけれど、

「この瞬間の私の気持ちは、エベレスト山頂を征服しようとして筆舌につくしがたいほど登頂に難渋したあげく、やっと頂上に達したら、そこにいきなり静養にきている連中にあふれたホテルを見つけた者にたとえることができよう。その男がひとりで頂上めざしてよじ登っている間に、山の反対側に鉄道が敷かれて、観光誘致をやっていたわけである」

何も私は山頂をめざしているわけでもなく、筆舌につくしがたい難渋をしているわけでもないけれど、規模を小さくしてみりゃこういうことって日常の中によくあるのです。

一歩一歩、あっちこっちに傷をつくりながら、這《は》いつくばってよじ登るか、ハイヒールはいてスイーッと登ってホテルでルームサービスのコーヒー飲むか、あなたならどっちの方法を取りますか。

糸を紡ぎ、機《はた》を動かして布を織るのが日常のことであった暮らしが、ついこの間まではあったというのだけれど、今は切って縫い合わせることすらうとくなってきました。

針を持ったり、ノコギリをひいたり、クワをふり上げたりすることが、すべてきらびやかな趣味という衣をつけてでしか、生活の中にはいってこなくなりつつある今、料理というのが、物を作る行為を守り通すことのできる最後の砦《とりで》ではないでしょうか。この人間的な優しい行為をも放棄したら、いったい次に何ができるのでしょうか。

今さら私がここで声を大にせずとも「料理」というのが世の関心事の一つであるということは事実で、その証拠には雑誌をパラリとひとめくりすれば必ずめぐり合うことのできる料理のページ、しかもそれは、今流行の本物志向を満足させるに足る「本格的料理」なのだけれど、そこいらあたりへそ曲がりの私にはちと不安だなあーって気がしてしまうのです。

たとえば、私は三十代の主婦。ベテランではないけれど、さりとてかけ出しでもない、亭主が働きざかりと呼ばれているのなら、こちらは主婦ざかり。その私がやっていること、知っていることといったら、正直自分でも恥ずかしくなるほどひどいのですね。

　テリーヌ、チーズケーキと知ったかぶりでいろいろ手は広げるけれど、日々の暮らしの大もとをささえるべき、日本の風土の中からしぜんに生れ、つちかわれてきた料理や保存の種々様々の方法となると、私にはそういった知識が皆無に等しく、できることといったら、買ってきた乾物を缶の中にしまうのがせいぜいのこと。採ってきたものを塩漬したり干したりする技術は全く身についておりません。田舎で子供のころを過ごしたことのある友達には知らず知らずのうちに身についてしまっている保存の技術も、街育ちの私は、この年になって改めて書物をひもとかねば、知ることができないのです。

　それでもいいかもしれないけれど、でもねー、私たちの次の世代はどうしてそれを知るの？　ひいおばあちゃんの書き残してくれた本で？　燃えちまったらどうする？

　それほどの張り切った保存でなくとも、日常のちょいとした保存だって、すべてフリーザーだの冷蔵庫だのにぶち込んでおくほか能がなく、加えてそのものの食べられる時期の安全圏に対しての判断も曖昧《あいまい》です。

　食べ物の保存と管理を、薬品や機械にまかせて、またそうなることが文化的に向上した生活なのだと思い込まされて育った世代です。その間自分の判断力を養うことなどしてこなかったから、捨てなくても良い物まで捨てる無駄をして、

「近ごろの主婦は食べ物を大切にしなくなった」

と、お叱りを受けます。

日常の中で食中毒なんてめったに起こることがないから、こういう安全圏の中での生活が、ごくあたり前のことと思い込んでいます。恥ずかしいかな、文明という過保護状態の中で育ってきた、全く無防備な三十代のオカーチャンです。

でも情報をキャッチすることに関しての能力は大変すぐれているから、こうやって作られた安全というものが、実は危険へ向かっている道なのだということもすぐさま知って、

「オクスリ入れるナー」

と叫びます。

でもね、こういうことを本気で言うのなら、覚悟しなきゃならないことが山ほどあるのです。

物の善し悪しを、製造年月日からではなく体で判断する感覚を研ぎ澄まさねばなりません。居ながらにして諸国の美味を掌中に収める不精はやめなければなりません。

今まであちらさんの責任においてなされていたものが、こちらの手にゆだねられるということなのだから、今までと同じような神経で冷蔵庫にポイポイと放り込んでいるようなわけにはいきますまい。薬の力にかわる知恵と方法を、ちゃんと身につけておかねばならず、悪くなったからといって、もうどこにもどなり込むわけにはいきません。

こちらにその知恵なく、いろいろ不都合なことが起こってきたら、

「やっぱり薬が楽だわ」

と、前に戻ってしまう危険性は充分にあるということも承知しておかねばなりません。でも万一にもこちらの管理能力不足でこんなことになったら、これは私ら世代の恥として歴史の中に残ってしまうのです。重々気をつけましょう。高度に発達した文明を人間の奢りで崩壊させてしまった例を、歴史というものが口を酸っぱくして言ってくれているのだから、私らの時代がまた後世に滅びの社会として伝わることのないようにしたいものです。


主義を叫んで旗をふりまわす勇気がなくとも主張はできます。今日、明日、あさってと続く暮らしの根底にある意識というものは、今すぐにという即効性はないかもしれないけれど、長い間には世の中を大きく変えていくことができるはずです。一票を投じることの大切さも承知だけれど、それだけが唯一の意思表示だとしたらあまりにも情けない話です。考えてごらんなさい。いくらあちらが作ってみたところで、こちらが買わなきゃ、あちらはひっくり返っちゃうはずだと思うのだけれど。

「そう簡単に行くかよ、アンタ単純だね」

と、言われたことがあります。

世の中ってそんなものなのですか、どこの誰がそんなにヤヤコシクしてるの？

テレビ消すのは指一本で足り、物買わぬのは何もせずともできる、選択権というのはこちら側にあるのですよ。こうと決めたらそのあたり頑固でいきたいねー。

九州のチクワを家の近くの食料品屋で買う不精とはオサラバしなけりゃいけないけれど、旅に出てその土地でしか味わえぬものに出合う楽しみが戻ってくるはずです。南北に長い国だから、諸所方々にその土地の気候風土から生れたおいしいものがたくさんあり、おみやげのうれしさというのは、そのこわれやすい味を傷ませぬよう工夫をこらし、遠路はるばる持ってきてくださるかたの、その心づかいの深さにあるのです。物をあげたりもらったりのときの思いやりもうれしさも、今よりもっと素直な素朴な形で示すことができるようになるのではないかと、まあ少々話がそれてきたようだけれど、とにかく暮らしの中で自分の力で物を作るということは、趣味なんかじゃなくって、もっと大きな意味をもっているることなのだという意識を持って、アア、大変だけれど、ガンバラナクッチャ。

人が暮らしの中でかかえている事情というものは、それぞれ皆違い、決して怠惰からではなくても、ここまでしか手がのばせぬという範囲はあります。それでも心の隅には、自分の欲するものは自分の手で作り出す、という、本来の生活のあり方をとどめておきたいのです。自分とその家族の食べ物の責任を人まかせにせざるを得ないときでも、そのうしろめたさを感じることに鈍感でありたくありません。大企業というものが個人の家庭の味つけまでしてくれることの親切心には一応お礼を申し上げるけれど、その便利さを一つ享受するごとに人の持ちうる可能性のほうも一つポロリと落っことすかもしれぬというオトシ穴に気はつけましょう。

ついでのことだから言ってしまうけれど、あちらさんは、その大なる力をもちっとマシなことに使っていただけないかねー。スープの一味の違わせ方なんて一人でだってできることです。アタシらの個々の力じゃとってもできないこと、たとえばいつの日か直面するかもしれぬ地球の食糧危機への、その根本的対策とか、一方では足りぬ食糧を他方では捨ててる矛盾を正す方法を考えるとか、買物カゴ下げてほうれん草にしようか財布の中を見ながら小松菜にしようか迷っている視点からでは考えようのないことってのがたくさんあるでしょ。

アッチ向きホイ、コッチ向きホイ、と自由にあやつるのも面白いでしょうが、その要を握っている責任の重大さに気がついてください。

いつやってくるかわからぬ天災への備えを、家の非常袋の中の乾パンの数という個人的なレベルで確保せねばならぬというのは、なんとも不安でたまらないのです。

大企業には、私らの手の下しようのない問題の解決にその広い視野と大なる力を使っていただいて、まあときにはその力のオコボレもちょうだいすることもあろうけれど、私らの食卓は私らの責任で用意しましょう。

と言ったって、厳密に考えりゃ、その料理の材料はすべて人様の手にゆだねられた物です。

「結局お金出すときのタイミングが違うだけで、根本的な行為は同じじゃない」
と言われてしまいそうだけれど、せめてフィナーレの部分だけでも、自分の責任でまと
めにゃ、私は人としての誇りが保てないじゃありませんか。
「食卓を商品のレイアウトの場所になんか使わせるものか」
と、食べ物一つのことにこうまで突っ張らねばならぬあたりが、裏を返せばいろいろと
うしろ指さされることが、また我が身にもありということなのだけれど、するならする、
しないならしない、はっきり割り切ってしまうほうが、今日オリコウな暮らし方なのでし
ょうか。でもやっぱり私、バタバタと迷いに迷い暮らします。割り切れずとも良い、アッ
チコッチぶつかってコブ作ったって、手ごたえや失敗というもののある生き方は楽しいし、
それが生きている証ってものです。

料理という具体的なものを相手にしての意地や突っ張りというのは結構楽しいものです。
その日常のつき合いの激しさから、ともすれば義務感のともなう苦痛の場ともなるやも
しれなかった料理だけれど、楽しさという方向にスンナリと導かれたのは、チチの料理に
接することができたからです。

チチの料理は「檀流クッキング」と呼ばれています。なれば私も「檀流」と、アアそん
なこと言って大見得切ってみたいものだけれど、チラリと形の上っ面真似してみたって、
メッキはどのみちすぐはがれて本性バレルに決まってるから「檀流クッキングスクール」

の生徒、と、まあこの程度の肩書きは許していただけますね。

しかし学校という所に身を置くときの常で、在学中はサボルことを何よりの喜びとし、追い出されかかるとき、初めて向学心に燃えてくるもの、というより私の場合、まだその自覚も芽ばえぬときに、突如この学校は閉校になりました。残された生徒は未熟な腕を宙に泳がせるだけで、教えを乞いたくも、もうその師はこの世におりません。ドサクサにまぎれて、

「アタシ『檀流クッキングスクール』の卒業生」

と、大威張りしてみようかとも思ったのだけれど、実力のほどを考えればそれも無理、ならばせめて中退くらいの資格を取ってみたく、しゃべりにしゃべって卒論ならぬ中退論文、どこぞの誰かさんのお目にとまって、梅干の一つでも作ろうかなと思わせることができましたら、私、晴れて中退式でございます。

それに何てったってこの学校で教えてくれた、料理の愉快さを、私一人で独り占めにしておくにはあまりにももったいないことなのです。在学させてもらえた光栄と恩恵に浴したからには、その校風を伝える義務というものもあります。

劣等生がシャシャリ出て、これではかえってイメージダウンになりはせぬかと、

「どうがんばってもアンタは檀流にゃなれないんだからやめとけよ」

という声も、同じ学び舎の友の内から起こったけれど、トーフの薬味に泣きそうになっ

た女の子も「檀流クッキング」に洗脳されればここいらあたりまでにはなれるという、ほら、広告なんかによくある使用前使用後の写真、その宣伝効果のほどは使用前状態がひどいほどある、というものです。

幻の「檀流クッキングスクール」は、いつでも入学自由です。年齢性別問いません。校長はただ今旅行中です。ただし今度の旅は大変遠い所ですので、当分帰っては参りません。教科書を揃《そろ》える必要はないけれど、校長自著の料理の本くらいは目を通しておいたほうが、後々の受けがよく、ヒイキされるかもしれませんね。教えてくれる講師陣は、あなたのまわりのすべてのものです。それが愚鈍な教師となるか精鋭の教師になるか、生徒のぶつかり方ひとつにかかっています。

劣等生であっても、長い間在学している私には、カオになって得た特権というものがあるから、それを行使して、門にはカギをかけずにおいてあります。お出入りはいつでも自由だけれど、ここで何か楽しさを一つでも見つけたならば、必ずどなたかに伝えて仲間を増やしていってください。これは生徒会の方針でございます。

結婚式が終わったあと、母から手渡されたビニール袋にはいった五合のお米を、ガタピシのアパートの小さな台所で、電気釜に入れたのが、私の料理の第一歩でした。ママゴトみたいだと笑われながら十五年。家族の食の部分を握っている重要人物にまで成長したのは私自身の努力というより、むしろまわりの人の励ましの声によるところが大なりと、この本を書き終えてより一層強く感じています。

日常顔をつき合わせている人に、面と向かってお礼の言葉など、とても気恥ずかしくっていえないから、この最後の余白をお借りして……。

まだ仕上げ足りなかったであろう私を、年若くして嫁に出した実父母の大胆さと、メチャクチャをやっても決して嫁いびりなどせず笑って見ていてくれた、義父母の寛大さと、未だ三下り半をつきつけずにつき合ってくれている、亭主の忍耐力とに、大いなる感謝の気持ちを捧げます。

文庫のためのあとがき

学生の身で世帯を持ったので、昼間は学校に行って一応オベンキョウをしていました。その学校に、舅《しゅうと》から電話がかかって来たことがあります。

「客がたくさん来てまーす。スミマセーン。急いで帰って来て、手伝ってくださーい」

大変な家に嫁に来ちゃったナ、と思いました。でもこの大変な中で、私は知らず知らずのうちに、食べることの楽しさ、愉快さを教えてもらっていたのです。

その素晴しさに気がついたのは舅が亡くなった後でした。誰かに伝えたいと思いました。文字を書き連ねました。そして大勢の方の手助けがあって本になりました。

私一人の手柄のような振りをしているけれど、縁の下で沢山の人達が支えてくれています。ありがとう。映画のように、スタッフ全員の名前を出すページが、本にないのが残念です。

そして今度、本がまた本になりました。夢みたいです。ホッペタをつねりながら、親の七光りっていうけど、舅の場合は何光りっていったらいいのかなー、と考えています。

中公文庫版のためのあとがき

書棚の片隅で静かにしていた本が再び陽の目を見る機会を得て、読み返していると、夫の実家の台所が目に浮かんできます。

十二畳ほどの、もっと広かったかな、真ん中に木製の大きな食卓を置いたダイニングキッチンです。部屋の北側、裏庭に面して出窓があって、その窓に沿って、流しが、調理台が、ガスレンジが並んでいました。そのガスレンジのどっしりとして立派だったこと。初めて見た時、目を丸くしました。

火口が二重になっているコンロが三つ並んでいます。手前に金属製のバーのようなものがあって、コックがついています。多分これはガス管で、このコックで火の調節をするんだろうな。その下は分厚い扉の付いた大きなオーブンです。

今ならこれは業務用と一目で分かります。でもその頃は育った家の小さなコンロしか知らず、プロの厨房なんてみたこともなかったから、世の中にはこんなものがあるのかと、ただ驚くばかりでした。

コンロの右端には、あそこも火がつくようになっていたかな、大きな寸胴鍋がおいてあって、たっぷりの湯の中に丸ごとの鶏が野菜と一緒にトポンと入って、いい匂いを漂わせていました。

出窓や調理台のここかしこに、調味料かな、見たこともない瓶や缶が並び、大小鍋色々、フライパンが中華鍋が大きなセイロが、様々な調理道具があっちにこっちにあって、ボウルの中をみればなにやら得体の知れないものが水に浸してあって、小鍋の蓋をちょっと開けてみると、なんだかわからないけど美味しそうなものがまだ温かく、まな板のそばには野菜や肉。ただそこにいるだけでも、楽しくワクワクしてくる、美味しさに向かってまっしぐらの、そんな台所でした。そしてこの何とも賑やかな、美味しい予感いっぱいの台所を仕切っているのは、夫の父親、作家檀一雄でした。家族はチチと呼んでいました。

今から五十年以上も前です。「男子厨房に入らず」男たるもの台所で料理なんかするもんじゃないよという考えが、何の異論も反論もなく世に堂々とまかり通っていた時代です。男子が料理する場所はレストランや料理屋のプロの厨房であって、家庭の台所で家族のご飯を作るなんて思いもよらぬ時代でした。

でもこの家では、毎日のご飯を作っているのはチチでした。家にいる時は朝から買い物カゴを下げ商店街にお出かけです。魚屋に行き八百屋に行き肉屋に行き、今日のご飯のメニューがチチの頭の中で組み立てられていき、家族は何も知らないまま手伝っていました。

食堂の扉一枚隔てた向こうは広い客間でした。二、三十人集まって宴会をすることもよくありました。ドアの向こうから聞こえてくるグラスの触れ合う音、楽しげなざわめきを、もう聞くことがなくなって、今懐かしく思い出します。

ドアがあいて客が台所を覗きにきます。

「ご苦労さん。美味しく頂いていますよ。次は何ができるのかなー」

偉くて立派な、いつもは近寄り難い方が、ニコニコ笑っています。美味しい料理は人を優しくします。

そんな楽しく美味しい時間が流れる中で、私は色々な料理に出会い、作りかたを少しずつ知っていきました。いつも手伝っているだけでした。ただ全てを任せられたことが二度だけありました。

その日姑は泊りがけの用事があって不在。そんな時は、いつもだったら夫の妹弟に、

「坊ちゃん嬢ちゃん、チチが世界一のご飯を作ってあげますからねー」

となるところなのですが、この日は原稿の締め切りが迫っていて身動きとれぬ状態だったので私に、

「天ぷら、できますね。冷蔵庫に色々材料がありますから、作ってください」

とだけ言って書斎に行ってしまいました。

天ぷら、なんだってそんな難しいものをと思っていて、今気がつきました。上手く作るのは難しいけれど、調理自体は簡単で、他にあれこれ作らなくともこれだけで食事として

の形が整う。考えられた指示だったのだと、たった今分かりました。

用意をしているとパタパタと足音がしてチチがやってきて、

「材料、わかりましたかー?」

問題ないとみると再び書斎へ。しばらくしてまたパタパタと足音がして、

「困っていませんかー」

書斎と台所を行ったり来たりです。そしてなんとか形になった天ぷらを恐る恐る差し出して味見してもらうと、

「良く出来ました」

嬉しかった〜。今も天ぷらを揚げるとこの時のことを思い出します。

もう一度は病院のベッドからでした。

ポルトガルでしばらく暮らしていたチチは、帰国後生活の拠点を東京から博多湾の小さな島に移し暮らしていましたが、体調を崩し九大病院に入院していました。

そしてその年の暮れ、「チチキトク」の知らせ。今年もあと何時間とカウントが始まる頃チチの妹達が島の家に集まっていました。そこに夫が病院から帰ってきて、

「チチから伝言。Sちゃんが来ているのなら、お正月の料理を作ってご馳走してあげなさいって。材料は買ってきたからね」

チチの妹S叔母は、長いこと外国に住んでいて、帰国後一人暮らしで、島に来たのは初

めてでした。チチ自ら美味しい料理でもてなしたかったにちがいありません。指示に従って、博多のお煮しめ、がめ煮を作り、なますを作り、他にも何かあったかな、忘れました。その側で夫の妹たちは年賀状を書いていました。常と変わらぬ大晦日の台所です。

別の叔母がそれを見て、叱りつけるように、

「あんた達、一体何やってるの。そんなことやってる場合じゃないでしょ」

正月の祝いの膳は誰にも食べてもらえないかもしれない。年賀状は投函できないかもしれない。でも手を動かし続けました。動かしていればチチの命の時間は止まらない。それは祈りでした。

そして年が明けて、病院で付き添っている母と弟にもとおせちを届けた夫から、

「ちゃんと作って、S叔母ちゃんにご馳走したこと、チチに伝えたよ」

その翌日の一月二日、チチは亡くなりました。

あれから半世紀近く経ちました。食べ物を取り巻く状況は大きく変わっています。どこの店を探しても置いてなかった異国の食材が、ネットで簡単に見つかります。中華街に行かなければ手に入らなかった香菜《シャンツァイ》がパクチーという名でスーパーに山積みされて、かつては食卓に置いてあるだけでも嫌がられていたのに、今は若い女の子がサラダにして頬張っています。

大騒ぎして試行錯誤を重ねた料理の作り方も、スマホで容易《たやす》くみつかります。外国に行かずとも、街に出かければ世界各国の料理に出会えます。

豊かになりました。便利になりました。でも美味しさに辿り着くまでのあれこれの騒動は結構面白かった。ただ作るだけではなく、そういう楽しさがあったからこそ私は料理が好きになったのかもしれません。

そして今、男達は何の躊躇《ためら》いもなく台所に立ち鍋をかき混ぜています。

「時代がやっと私に追いつきましたね」

チチの声が聞こえてくるようです。

二〇二〇年七月

『檀流クッキング入門日記』
単行本　一九七八年十一月　文化出版局刊
文　庫　一九八三年十一月　集英社文庫

中公文庫

檀流《だんりゅう》クッキング入門日記《にゅうもんにっき》

2020年8月25日　初版発行

著　者　檀《だん》　晴《はる》　子《こ》

発行者　松田陽三

発行所　中央公論新社

〒100-8152　東京都千代田区大手町1-7-1
電話　販売 03-5299-1730　編集 03-5299-1890
URL http://www.chuko.co.jp/

DTP　嵐下英治
印　刷　三晃印刷
製　本　小泉製本

Published by CHUOKORON-SHINSHA, INC.
Printed in Japan　ISBN978-4-12-206920-6 C1195

あ-66-2
味　天皇の料理番が語る昭和
秋山徳蔵
半世紀にわたって昭和天皇の台所を預かり、日常の食事と無数の宮中饗宴の料理を司った「天皇の料理番」が自ら綴った一代記。〈解説〉小泉武夫
206066-1

あ-66-3
味の散歩
秋山徳蔵
昭和天皇の料理番を務めた秋山徳蔵が〝食〟にまつわるあれこれを自ら綴る随筆集。「あまから抄」「宮中の正月料理」他を収録。〈解説〉森枝卓士
206142-2

あ-66-4
料理のコツ
秋山徳蔵
高級な食材を使わなくとも少しの工夫で格段に上等な食卓になる——「天皇の料理番」が家庭の料理人に向けて料理の極意を伝授する。〈解説〉福田　浩
206171-2

い-14-2
食事の文明論
石毛直道
銘々膳からチャブ台への変化が意味するものとは？　外食・個食化が進む日本の家族はどこへ向かうのか？　人類史の視点から日本人の食と家族を描く名著。
206306-8

い-110-2
なにたべた？　伊藤比呂美＋枝元なほみ往復書簡
伊藤比呂美
枝元なほみ
詩人は二つの家庭を抱え、料理研究家は二人の男の間で揺れながら、どこへ行っても料理をつくっていた。二十年来の親友が交わす、おいしい往復書簡。
205431-8

い-116-1
食べごしらえ おままごと
石牟礼道子
父がつくったぶえんずし、獅子舞にさしだした鯛の身。土地に根ざした食と四季について、記憶を自在に行き来しながら多彩なことばでつづる。〈解説〉池澤夏樹
205699-2

う-9-4
御馳走帖
内田百閒《ひゃっけん》
朝はミルク、昼はもり蕎麦、夜は山海の珍味に舌鼓をうつ百閒先生の、窮乏時代から知友との会食まで食味の楽しみを綴った名随筆。〈解説〉平山三郎
202693-3

お-5-2
味覚　清美庵美食随筆集
大河内正敏
理研の総帥が、巣鴨プリズンの独房の中で、うまいものの数々を追想し、かつて浸った豊かな味覚の世界に想いを馳せた珠玉の食エッセイ本。〈解説〉細川光洋
206635-9

各書目の下段の数字はISBNコードです。978-4-12が省略してあります。

か-2-7
小説家のメニュー
開高 健
ベトナムの戦場でネズミを食い、ブリュッセルの郊外の食堂でチョコレートに驚愕。味の魔力に取り憑かれた作家による世界美味紀行。〈解説〉大岡 玲
204251-3

き-7-3
魯山人味道
北大路魯山人
平野雅章 編
書・印・やきものにわたる多芸多才の芸術家・魯山人が終生変らず追い求めたものは〝美食〟であった。折りに触れ、書き、語り遺した美味求真の本。
202346-8

き-7-5
春夏秋冬 料理王国
北大路魯山人
美味道楽七十年の体験から料理する心、味覚論語、食通閑談、世界食べ歩きなど魯山人が自ら料理哲学を語り、手掛けた唯一の作品。〈解説〉黒岩比佐子
205270-3

き-15-12
食は広州に在り
邱 永漢
美食の精華は中国料理、そのメッカは広州である。広州美人を娶り、自ら包丁を手に執る著者が、蘊蓄を傾けて語る中国的美味求真。〈解説〉丸谷才一
202692-6

き-47-1
キムラ食堂のメニュー
木村衣有子《ゆうこ》
各地の飲食店主や職人の取材を続けるかたわら、お酒のミニコミを発行してきた著者。さまざまな食べもの・飲みものとの出合いを綴る、おいしいエッセイ。
206472-0

く-25-1
酒味酒菜
草野心平
海と山の酒菜に、野バラのサンドウィッチ……。詩作のかたわら居酒屋を開き、酒の肴を調理してきた著者による、野性味あふれる食随筆。〈解説〉高山なおみ
206480-5

こ-30-1
奇食珍食
小泉武夫
蚊の目玉のスープ、カミキリムシの幼虫、ヒルのソーセージ、昆虫も爬虫類・両生類も紙も灰も食べつくす、世界各地の珍奇でしかも理にかなった食の生態。
202088-7

こ-30-3
酒肴奇譚《しゅこうきたん》 語部醸児之酒肴譚《かたりべじょうじのしゅこうたん》
小泉武夫
酒の申し子「諸白醸児」を名乗る醸造学の第一人者で、東京農大の痛快教授が〝語部〟となって繰りひろげる酒にまつわる正真正銘の、とっておき珍談奇談。
202968-2

さ-61-1
わたしの献立日記
沢村貞子
女優業がどんなに忙しいときも台所に立ちつづけた著者が、日々の食卓の参考にとつけはじめた献立日記。工夫と知恵、こだわりにあふれた料理用虎の巻。〈解説〉平松洋子
205690-9

さ-71-1
東京煮込み横丁評判記
坂崎重盛
浅草、赤羽、立石のディープな酒場から銀座、神楽坂まで。うまい煮込みを出す店と、そんな店がある町を不良隠居が飲み歩く。巻末に吉田類との対談を付す。
206208-5

し-15-15
味覚極楽
子母澤寛
〝味に値無し〟――明治・大正のよき時代を生きた粋人たちが、さりげなく味覚に託して語る人生の深奥を聞書き名人でもあった著者が綴る。〈解説〉尾崎秀樹
204462-3

し-31-6
食味歳時記
獅子文六
ひと月ごとに旬の美味を取り上げ、その魅力を一年分綴る表題作ほか、ユーモアとエスプリを効かせた食談を収める、食いしん坊作家の名篇。〈解説〉遠藤哲夫
206248-1

し-31-7
私の食べ歩き
獅子文六
日本で、そしてフランス滞在で磨きをかけた食の感性と、美味への探求心。「食の神髄は惣菜にあり」との境地を綴る食味随筆の傑作。〈解説〉高崎俊夫
206288-7

た-22-2
料理歳時記
辰巳浜子
いまや、まったく忘れられようとしている昔ながらの食べ物の知恵、お総菜のコツを四季折々約四百種の材料をあげながら述べた「おふくろの味」大全。
204093-9

た-33-9
食客旅行
玉村豊男
香港の妖しい衛生鍋、激辛トムヤムクンの至福、干しダコとエーゲ海の黄昏など、旅の楽しみイコール食の愉しみだと喝破する著者の世界食べ歩き紀行。
202689-6

た-33-15
男子厨房学入門《メンズ・クッキング》
玉村豊男
「料理は愛情ではない、技術である」「食べることの経験はつくることに役立たないが、つくることの経験は食べることに役立つ」超初心者向け料理入門書。
203521-8